人はなぜ、宗教にハマるのか？

認知科学者・カーネギーメロン大学博士
苫米地英人 著
Hideto Tomabechi, Ph.D

フォレスト出版

日本人だけが知らない「宗教」の本質

かつて「魔女狩り」があり、「十字軍」がありました。
神の名のもとに殺人や殺戮、戦争が行われました。
もちろんこれは過去形ではないのは言うまでもありません。
現在でも神の名のもとにテロがあり、さまざまな戦争が同時進行しています。

「本来、人を救うための宗教が、人殺しを正当化するのはなぜか？」

多くの人がこうした疑問を持ちます。
答えは簡単です。

「宗教」においては、本来、自分の宗教の信者以外は「人」ではないからです。

これが原理主義者の論理です。

この論理は大変乱暴に聞こえます。

ただ、**これが少なくとも仏教以外の宗教では、本来の論理であることを理解しておかないと、国際社会で起きている出来事の因果を見誤るリスクがあります。**

その意味では仏教は「宗教」ではありません。

まず理解しておかないといけないことは、西洋社会において「神」は存在しなければならないということです。この場合の西洋社会は、一義的には旧約聖書ならびに新約聖書を信じる社会のことであり、また「聖書」がある全ての宗教社会のことであり、地理的意味ではありません。

この場合の聖書の原文は「Testament」、ラテン語では「*testāmentum*」です。「*testāmentum*」は、「*testārī* =証人となる」が語源であり、「契約」という意味です。つまり、旧約聖書は「神との古い契約書」、新約聖書は「神との新しい契約書」という意味です。これをよく理解しておく必要があります。

西洋社会においては、まず神がいて、その神と私たち一人一人が契約を結んでいます。その証しが「聖書」なのです。

全ての社会構成員は契約を守らなければなりません。一人でも契約を守らない人間がいれば、正直者の他の人たちには大きなリスクがあるので、不信者を一人も出さないことが社会的に重要となります。だから幼児のうちから、全ての人が教会に通うことが重要なのです。

これが西洋社会の前提であり、神との契約を守らない人には、必ず神が罰を与えることになります。もちろんその契約は完璧でなければなりませんし、罰は公正でなければいけません。

したがって、**聖書は一字一句が神の言葉であり、「完璧な」書物です。また、神は「全知全能」です。そうでなければ、神の罰が公正でなくなってしまうからです。**

仏教においては、経典に出てくる逸話はたとえ話ですが、聖書では全て「真実」です。また、仏教社会の日本人は、神の存在はなんとなく信じていても、神が全知全能であることを重要と感じていない人が多いでしょう。

しかし、それでは西洋社会は成り立ちません。西洋社会では、神の存在はなんとなく信じるものではなく、等しく全ての構成員が絶対的に信じていなければならず、神は全知全能です。さもなければ、社会正義の大前提が成り立ちません。したがって、**構成員以外は「人ではない」というのが本来の西洋の論理です**。

これが、魔女狩りや十字軍の論理であり、現在でも原理主義者の論理なのです。


ただ、**西洋社会の抱える基本的な矛盾**があります。

それは、近代国家が立憲主義であり、近代社会が法の支配により成り立っていることです。

憲法は議会で修正され、法律は議会で作られ、改正されます。つまり、人間が憲法を制定し、法律を作るということです。もちろん司法も人間が行います。

ところが、人間は全知全能ではありません。

そうなると、**神の全知全能を信じ、神との契約を守っている限りは、法の支配はどうでもいいという人が現れます**。もしくは、自分たちの都合のいいように法律や国家間の法律、つまり条約を作ってしまえという人たちが現れるわけです。

もちろん彼らは、敬虔な聖書の信者であり、場合によっては、原理主義者です。神との契約を守ってさえいれば、人間の作ったルールはどうでもいい、または自分たちがルールを都合よく作ってしまえという論理です。

この人たちの論理が理解できれば、日曜日には教会に行き、月曜日には他国の侵略を議論する人たちや、敬虔な信者でありながら、貧富の差や不平等を極限まで悪化させるような、とてつもない国際金融支配を進める人たち、さらには無差別テロリストたちが存在することが理解できるはずです。


日本は仏教社会です。

神道にしても、仏教との習合が進んでいます。

仏教には、神との契約の概念がありません。

モーゼの十戒と仏教の十善戒は似ていますが、本質的に違うところがあります。

十戒は神との契約であり、破れば神の罰があるという、神との契約をもとにしています。

一方、十善戒は、私は何々しませんという宣言でしかありません。不殺生、不偸盗、不邪淫、不妄語などの戒は、私は殺しませんといった自らの戒めであり、契約ではないのです。

したがって、神の絶対的存在や神の全知全能を前提としません。

そうした仏教社会に育った我々は、もちろん、自ら戦争を起こしたり、それを神の名で正当化する発想そのものがありませんが、その我々が、世界ではマイノリティーであることは理解しておかねばならないでしょう。

２０１５年10月

苫米地英人

本書は二〇一〇年六月発行の『なぜ、脳は神を創ったのか？』を一部修正・加筆したものです。

はじめに

本書を手にとっていただきありがとうございます。あなたは過去、

困ったとき、思わず「神頼み」してしまった

という経験があるのではないでしょうか?

- **「仕事」で売り上げが上げられず、神頼みをしてしまった**
- **「資格試験・入試」のために、神頼みをしてしまった**
- **「恋愛」をしているなら、恋愛運アップや運命の人と出会うために、占いや恋愛の神様に祈った**
- **「人間関係」に悩んで、思わず神頼みをしてしまった**

・「身内の不幸や病気」に悩んで、神様に助けてほしくなった

そんな経験があるのではないでしょうか？　そもそもあなたは、**「神様を信じていますか？」**

神様を信じていなくても、神棚や地蔵、ご先祖のお墓の前にたつと思わず手を合わせてしまうのではないでしょうか？

神が存在しようがしまいが、神を信じていようがいまいが、人は誰でも信仰心を持っています。

有史以来、この世には常に宗教（信仰）が存在していました。

仏教、キリスト教、イスラム教の世界三大宗教といわれるものから、ヒンドゥー教、儒教、道教、ユダヤ教、新宗教、アニミズム（精霊崇拝）、シャーマニズム、トーテミズムなど、挙げればきりがないほどの宗教があります。

約5万年前の人間といわれるネアンデルタール人の遺跡にさえも、死体を埋葬した

跡が残っていたそうです。

本書では、

- **なぜ、人は宗教（信仰）を求めてしまうのか？**
- **なぜ、幸せを求める信仰心が人殺しにつながるのか？**

これらのことを、脳科学、認知科学、分析哲学の視点から解明し、これからの時代、宗教に頼らなくてもいい幸福な生き方を探っていきたいと思います。

「宗教」と神のカラクリを知らない人は騙される！

現代の日本にも宗教は多くあります。

日本人は無宗教だといわれることが多いですが、無宗教といわれる人でも墓参りでは仏教様式の人が多いはずです。仏教様式といっても、臨済宗、曹洞宗などさまざまな宗派があると思います。
新宗教といわれる宗教に入信している人も多いですし、キリスト教、イスラム教の人もいらっしゃるでしょう。
宗教ではないですが、近年流行っているスピリチュアルブームや占いブームも何かを信じる、信仰するという意味では同じです。

信仰の自由はすべての人に保障されていますが、戦争を起こすきっかけになったり、カルト教団に勧誘されたりと、いいことばかりではありません。

人が見えないものを信じるとき、すごい力が生まれます。

20年ほど前には、当時新宗教だったオウム真理教*という宗派が、無差別テロ事件を起こしました。

過去の歴史を振り返れば、国家を転覆させるほどの力も持つのです。

宗教史、神に対して正しい認識を持っていなければ、騙《だま》されたり、間違った方向に流されたりしてしまうはずです。

*オウム真理教　かつて存在した原始仏教、チベット仏教系の新興宗教団体。教祖は麻原彰晃（本名・松本智津夫）。「地下鉄サリン事件」をはじめ数々の凶悪事件を起こした。

脳科学と宗教史からわかる幸福な生き方とは？

私は認知科学者です。また、機能脳科学者、分析哲学者でもあります。

１９８０年代の脳機能を研究する学者たちは、ある機械の発明に諸手を挙げて喜びました。

当時私も共同研究に参加していたハーバード大学医学部マサチューセッツ総合病院でＭＲＩ（magnetic resonance imaging）という脳の内部を画像にする装置を改造したｆＭＲＩ（functional magnetic resonance imaging）ができたのです。脳機能部位の局所化を可能とする装置です。

しかし、わかるのは、脳の血流がどの場所に動いているか、つまり脳の部位のどこが活性化しているか、だけです。

本当の意味での脳機能というのは、

「脳というブラックボックスがどうなっているのか？」

「脳の思考がどうなっているか？」

「思考はどのように生まれてくるのか？」

ということのはずです。


この本当の意味での脳機能を知るためには、脳科学、宗教、哲学、心理学を知らなくては、わからないのです。

また、私は、天台宗ハワイ別院国際部長、インド密教寺院の僧院長（アボット）、全日本気功師会副会長などもやっています。最近ではヨーロッパの騎士団の大十字騎士にもなりました。

本書を読めば、

「なぜ、人は宗教を求めるのか？」

「なぜ、煩悩のない神のお告げを信じて、殺し合いをしてしまうのか？」

「なぜ、一部のキリスト教原理主義者は産婦人科医を殺せるのか？」

「なぜ、宗教史に存在しない宗教が生まれるのか？」

「なぜ、イスラエルのヒルトンホテルでは肉とミルクを注文できないのか？」

「なぜ、アメリカはドイツに原爆を落とさなかったのか？」

「ケネディ大統領、キング牧師が殺された本当の理由とは？」

「なぜ、ゲーデル＝チャイティンは全知全能の神がいないと証明できたのか？」

「なぜ、最弱の宗教である仏教が多くの人を引きつけるのか？」

「なぜ、日本の仏教は釈迦の教えと接点がないのか？」

「なぜ、南無阿弥陀仏と唱えるのか？」

「なぜ、オリジナルの仏教にはない『浄土』が生まれたのか？」


などといったことがわかるようになります。そしてそこから、宗教に頼らない幸福になるための生き方を提示したいと思います。

本書を読むことで、宗教やスピリチュアルに正しい認識を持ち、間違った宗教にハマらず、自由を手に入れることができるはずです。

人はなぜ、宗教にハマるのか？

日本人だけが知らない「宗教」の本質　3

はじめに

「宗教」と神のカラクリを知らない人は騙される！　11
脳科学と宗教史からわかる幸福な生き方とは？　13

序章
宗教が「戦争」を引き起こす唯一の理由

神様を必要とする人々　24
戦争や人殺しがなくならない理由　26
なぜ、宗教は人を殺すのか？　30
「利益教」からの脱洗脳　33

第1章 人はなぜ神を必要とするのか

神とは何か？ 36
神は「人間の脳」によってつくられたのか？ 39
「神の目撃情報」を検証する 40
霊感や特殊能力があると主張する人は99％オカルト 43
明治以前の日本には「宗教」という概念がない 46
人間は完全情報を求めて信仰心を抱く 48
なぜ祖先崇拝が生まれたのか？ 50
死への根源的な恐怖がもたらしたもの 53
宗教が生む権力支配構造 〜宮本武蔵は催眠術師だった!?〜 56
現在の国家は「信仰心」から生まれた 59
宗教学者による反論 62
「宗教学が対象としない宗教現象」は宗教ではない!? 66
勝者の歴史で語られる「魔女狩り」と「死海文書」 69
消えていった敗者の宗教 72
「資本主義」も「マルクス主義」も宗教現象にすぎない 74

第2章

宗教と統治のヤバい関係

政治が宗教を「目的達成の道具」にする時代 78
「スピリチュアルブーム」や「占い」に潜む政治的意図 81
「宗教改革」は腐敗した政治権力への反発だった 83
イスラエルのヒルトンホテルで体験した異様な宗教原理主義 88
世界一の宗教原理主義の国・アメリカ 92
エノラゲイに乗っていた13人目の意外な人物 95
キリスト教徒以外の人間は「人間」ではない⁉ 100
アメリカがナチスドイツに原爆を落とさなかった理由 104
ケネディ大統領とキング牧師が暗殺された理由 107
宗教現象が人々を人殺しに駆り立てる 113
「お国のため」という宗教に隠されたビジネスの原理 118
政治利用され続ける「宗教」を救うことはできるのか？ 121

第3章

はたして「神」は存在するのか？

神は本当に存在しないか？ 126

認知科学が変えた「リアリティ」の定義 129
ヴェルナー・ハイゼンベルクの不確定性原理 132
量子論によって「真空がない」ことが証明された意味 136
いずれ人類は宇宙さえも創る 140
量子論と「空」 142
量子論から出された「神の死亡届」 144
情報空間においても「神はすでに死んでいた」 146
ゲーデルが証明してしまった「不完全性」 148
1991年は神が正式に死んだ年 152
ゲーデル、チャイティンの数奇な最期 156

第4章 日本人だけが知らない「仏教」の本当の歴史

「アプリオリ」を全面否定した釈迦 162
釈迦は天才的な気功師だった!? 165
神を語る人間はみな嘘つき 168
「神」を否定する宗教は仏教のみ 170
釈迦は誰に「暗殺」されたのか? 173
釈迦が死ぬ前に出した2つの注文 175
2000年前の上座部仏教の煩悩 177

釈迦はマントラを否定した！ 181
釈迦の思想を骨抜きにした超大国・中国 183
日本人がオリジナルな仏教の教えを知ったのは最近のこと 186
『チベット死者の書』とオウム真理教 190
涅槃への中間地点として生み出された「浄土」 195
なぜ、南無阿弥陀仏と唱えるのか？ 198
いまこそ釈迦のメッセージに耳を傾けるべき時代 203

第5章 現代に続く「日本教」はいつ生まれ、どこへ向かうのか？

「日本の宗教」とは何か？ 206
信憑性を増してきた「日ユ同祖論」 208
カタカナの起源は古代ヘブライ語だった？ 210
あまりに似すぎている「日本の神道」と「ユダヤ教」 213
いまだ謎に包まれる「三種の神器」のルーツ 217
単なるスクープでは済まされない三笠宮殿下の記事 220
現代日本人の宗教観を解明するカギは奈良時代にあり 222
歴史的に改ざんされた「聖徳太子」 224

日本の宗教の歴史は当時の仏教勢力が捏造したのか？　227
「宗教が変遷する」ということの本来の意味　231
日本に一神教の教えを持ち込んだユダヤ教　233
明治の元勲たちが目指した「一神教体制」による近代化　235
仏教勢力によって潰された神道による強烈な巻き返し　237
大戦後の「日本教」のゆくえ　240

最終章

「神」と「宗教」から完全に自由になる方法

なぜ、金融業は公的資金で救済されるのか？　244
ビジネスの道具へと堕した現代宗教の現実　246
「政教一致」は悪くない　249
完全に自由になるためにはどうすべきか？　252
餓死する人間が1人も出ない世界は実現するのか？　256
日本国内にも厳然と存在する「カースト制度」　258
「義務」ばかり課される現代の国民　261
共産主義圏は充分に豊かだった！　264
前頭葉の発達した人類にとって「納税」は「権利」である　268
「国家」をやめれば「コスト」は下がる　270
この世に唯一絶対の価値の尺度はない　275

おわりに

他人の価値観に従う人生では満足できない 279
コンフォート・ゾーンの外側に立つ 281
釈迦の唱えた「空」の概念があなたを救う 284

編集協力 岡本聖司
装丁 重原隆
本文デザイン 二神さやか
DTP キャップス
校正 鷗来堂

序 章

宗教が「戦争」を引き起こす唯一の理由

神様を必要とする人々

神とは何でしょうか。

あなたはいま、それを必要としているでしょうか。

神を欲する心理は、人間が直面せざるをえない困難や苦悩ととても強く結びついています。たとえば、事業がうまくいかず、窮地に立たされる。人間関係に悩み、生きるのが嫌になる。あるいは、病気が治らず、希望が持てなくなる、等々。

お金のこと、人間関係のこと、病気のこと、たいがいの人間の悩みは、この3つのうちのどれかです。それは社会のどこにでも転がっている悩みに違いありませんが、先の見えない問題を抱える当人としては、深刻以外の何物でもありません。悪いことが重なることもよくある話です。

困難な状況に置かれた人間は、決まって神妙な気持ちになり、己を謙虚に振り返ります。そして、小さな存在にすぎない自分を冷静に見つめつつ、あらんかぎりの能力を振り絞って、なんとか事態を打開しようと努力を傾けます。

そして、ある者は立ち直り、ある者は挽回《ばんかい》かなわず無念にも敗れていきます。古来あらゆる物語で語られているように、人間が迎える新しい人生は、深い悔恨の念のなかから生まれ出づるということでしょう。

人間は、そうした苦難を過ぎ越すなかで、神というものを意識するようになります。また、九死に一生を得てどん底から這い上がってきた人たちのなかには、それをきっかけに何らかの信仰心を持つケースも多いようです。


西洋ではイエス・キリストが誕生しておよそ2000年、東洋では釈迦が仏教を唱えてからおよそ2500年がたっています。

宇宙136億年の歴史から眺めると、これはほんのわずかな時間にすぎませんが、人間にとっては非常に長い進化の時間です。この間に、人間は農耕を発達させ、学問を進歩させ、国家という概念を生み出し、戦争をくり返し、そして爆発的な工業化を遂げました。

ところが、宗教についての人間の認識は、2000年前、あるいは2500年前に比べ、決して進化したとはいえません。

実は20世紀後半に、神の存在をめぐって、コペルニクス的転回*が起こりました。しかし、この点について、私たちの大半は、その事実も、それが社会に及ぼす大きな影響も、はっきりと知らされることはありませんでした。その結果、私たちは、この21世紀を20世紀までの古い考え方で、あたかも20世紀の延長であるかのように生きようとしています。

*コペルニクス的転回　ものの見方が180度変わってしまう事を、天文学者コペルニクスによる「天動説」から「地動説」への転回にたとえた言葉。

戦争や人殺しがなくならない理由

人間は、根源的に信仰心を持っています。それは、不完全な存在にすぎない自分には計り知ることのできない、未来や死に対する恐怖を、なんとしてでも克服したいと願う心に根ざしています。

先に紹介した、事業、人間関係、そして病気という困難に直面したときも同じです。ある人はまるで人が変わったように徹底的に自分を捨てるようになったり、またある人は火事場のバカ力としか形容できないような努力を傾注したりします。信仰心は、そういう場合に人間が獲得する心情によく似ているといえるのではないでしょうか。

信仰心それ自体は、悪いものではありません。ところが、不幸なことに、人間本来のそうした心のメカニズムは宗教や信仰心にのみ向かわず、政治によって、あらぬことに利用されています。

後にじっくりとお話ししますが、たとえば、戦争や人殺しに人々を向かわせるときの駆動力です。

私が習った教科書には、戦争は国家の外交権のひとつだと書いてありました。つまり、相手の国が自分たちの権利を侵そうとしているか、侵しているかしている場合、国家は紛争解決の手段として戦争をしてもいい、ということです。

これを個人のレベルの話に落とし込むと、正当防衛なら相手を殺してもいい、ということになります。たしかに、自分を殺そうとした相手をやむをえず殺してしまった、という場合も、あることにはあるでしょう。

しかしながら、よく考えてみると、国家が紛争解決の手段として戦争や人殺しをしてもいいというのは、非常におかしな論理です。

歴史的に見れば、戦争は国家にとって、常に利益追求の手段でした。

たとえば、第二次世界大戦中のドイツ、日本、イタリアにしろ、またそれと戦った連合国にしろ、戦争を遂行することで莫大《ばくだい》な利益が手に入るからこそ、それを実行しました。このことは勝敗に関係なく、参戦したいずれの国も同じです。攻められたから攻め返した、という現象の裏には、自国にどうやって巨額の利益を導くかという打算が常に働いていました。儲《もう》かりもしないのに、義憤にかられて参戦し、国民の生命と財産を浪費する国などありはしないのです。

とすると、やむをえない場合は戦争に訴えてもいいというのは、国家が利益追求のために戦争を行い、そのためには罪もない人々を巻き添えにしてもいいという理屈です。

また、個人の場合は、自分を殺そうとしたので正当防衛で相手を殺した、という話は、一見もっともであるかのように受け止められます。何もしなければ殺されるという極限状況に追いやられた人間が、それを阻止する究極の手段に出るのも無理はない。そう考える人がいて、不思議はありません。

しかし、**茶の間で観るテレビのサスペンスドラマのように、殺そうとしたほうが悪で、正当防衛を行ったほうが善という話は、現実にはほとんどありません。**

ウソだと思うなら、毎月、法律雑誌で紹介される殺人事件の判例を読んでみるといいでしょう。自分を殺そうとしたので相手を殺した、という殺人事件は、あったとしても、金銭、利権、そして異性関係が絡んだものが99・99%です。

たとえば、殺されそうになったので相手を殺したという被告人が、利権の獲得のために相手をさんざん挑発したり、追い込んだりしているケースはざらです。相手が殺しにくるように仕向け、今度はそれを理由に相手を殺すわけです。このようなケースばかりとはいいませんが、殺し殺される極限状況にいたるまでには、当人たちにしかわからない闇《やみ》のストーリーが隠されていることを心得ておかなければなりません。

殺人事件と聞くと、日本人はすぐサスペンスドラマのような正邪の区別をつけようとしますが、この時点でたいていの人は現実を見間違えています。ドラマは、正当防衛を行った主人公に視聴者が感情移入しないと番組として成立しませんから、もっともらしい理由をつくっているだけなのです。

実際の事件では、いずれの側も、たとえ金銭的なものではないにしても、相手を亡き者にすることで何らかの利益を手に入れるという動機が潜んでいるものです。

とすれば、正当防衛なら人を殺していいという理屈が、はたして成り立つのでしょうか。

なぜ、宗教は人を殺すのか？

利益のためには邪魔な人間を殺してもいい、という発想は、実は宗教的な狂信と同じです。

たとえば、アメリカ南部では、いまの時代においても、原理主義的なキリスト教徒たちが妊娠中絶手術を行う産婦人科医を射殺する事件が後を絶ちません。彼らは、生まれてくるはずのキリスト教徒を堕胎させる産婦人科医こそ殺人者だ、と主張します。産婦人科医は神の教えに背いているばかりか、キリスト教、ひいては国家の利益を損なっている、だから殺してかまわないのだ、というわけです。

これは、実に卑怯《ひきょう》な論理です。

もし、神の教えを守らなければならないというのであれば、なぜ法律で妊娠中絶を禁止するよう議会に働きかけないのでしょうか。かりに議会で中絶禁止法案がまとまらず、大統領も及び腰であり、同時に彼らの教義が背教者を殺すことを認めているならば、なぜ産婦人科医でなく国会議員や大統領を撃ち殺さないのでしょうか。

「そんなだいそれたことをしたら、こっちがやられちまう。

だから、弱い者に対してじわじわと攻撃をかけていけばいいのだ」

つまるところ、産婦人科医の命は、彼らにとって条件闘争の道具なのです。神への冒瀆《ぼうとく》や国家的損失を口実に、より弱い立場の人間を生贄《いけにえ》にし、自分たちに都合よく利益誘導を行っているだけの話です。イエス・キリストが、このようなことを実行せよと、いつ、どこで、教えているのでしょうか。

戦争や人殺しをする人たちは、利益のためには戦争や人殺しを行ってよいと、たいへん強く信じています。

同じ種を殺してはならないというタブーは、私たちの遺伝子に非常に強く刻み込まれた情報です。このタブーは、利益のためという浅薄な理由によって破られるほど、弱いものではありません。

にもかかわらず、**戦争や人殺しが絶えないのは、利益のためにはそうすべきだという価値観を、人間がそれほど強烈に叩《たた》き込まれている証拠です。**その行為は、自爆テロと同等レベルの、強烈な宗教的行為といわなくてはならないでしょう。それは「利益教」であり、「利益崇拝」である、ということです。

「利益教」からの脱洗脳

現代社会は、これだけ文明が花開き、人間の知的レベルも上がったかに見えながら、実は、こうした「利益教」「利益崇拝」の妄信がいたるところにはびこっています。このことが、世界の有り様を理解する目を曇らせ、人間が進むべき方向を見失わせているように、私には感じられます。

さて、**現代の世界には、もはや神はいません。**

物理学や数学をはじめとする科学の発展は、明確に神の不存在を証明しましたし、20世紀末には宗教学者でさえ「神は存在しない」と定義しました。

神や宗教は、もはやその土台がありません。先に「コペルニクス的転回」と記したのは、このことです。

もちろん、だからといって、私は人間が抱く信仰心を否定しようとは思いません。

しかし、私たちがよりよく21世紀を生きるためには、神、宗教、信仰心というものについて、きれいに整理をつける必要がありそうです。それなしには、非常に大きな時代の節目であるこの困難な時代を、迷わずに突き進んでいくことができないのではないかと、いささか不安に感じるからです。

私は本書で、認知科学者として、また脳科学・洗脳の専門家として、神と宗教の本質を明らかにしたいと思います。

もっとも、本書は、神や宗教のことを歴史的に順序立てて書きあらわしたものではありません。しかし、通読していただければ、キリスト以来2000年、釈迦以来2500年にわたる、人間が歩んできたある種の**〝宗教的な退化のプロセス〟**を、おぼろげながらも実感していただけるのではないかと思います。本書が、現代に蔓延《まんえん》する「利益教」からの脱洗脳の一助になることを願ってやみません。

さて、それではみなさんと一緒に、神と宗教をめぐる脳内トリップに出かけることにしましょう。

第1章

人はなぜ神を必要とするのか

神とは何か？

神は存在すると確信している人たちがいます。

本当に神は存在するでしょうか。

もちろん、神とは何かという定義をはっきりさせることなしに、それが存在するか否かを考えることは少々乱暴な話かもしれません。後の章で厳密に神を定義していきますが、ここではひとまず、

「神とは完全なものである」

と考えておきましょう。**完全であるがゆえに万物を創造し、過去も未来もすべてを知る存在**という意味です。

さて、冒頭に掲げた設問は私たちが持つ教養レベルの知識を上手に使えば、意外と簡単に解くことができます。科学が神の存在をどのように否定したかという紹介は後回しにして、まずこの点について考えてみましょう。

そのためには問題を2つに分けてみます。

ひとつは神が存在する場合。もうひとつは、神が存在しない場合です。

多くの宗教は神がいることを前提に成り立っていますが、可能性としては、常にこの2つがあります。面白いことに、それぞれのケースにおいて、人が神の存在をどのように受け止めているかを順序立てて考えていくと、いずれもひとつの事実に収斂《しゅうれん》していきます。

それは、**脳が神をつくっている**ということです。

その点をまず、明らかにしていきましょう。

◎A　神が存在する場合

神がいると仮定する場合は、そのメッセージを受け取る人がいてもおかしくありません。教祖といわれるような人たちや、神と交信し、その言葉を代弁するような特殊な能力を持った人たちが、それに当たります。

特殊な能力を持っていない人でも、自分は神を見た、あるいは自分は神の声を聞くことができるという人は世界中にいます。彼らは、そうした体験をつうじて、神がたしかに存在すると考えます。また、自分は神を直接見たり聞いたりしたわけではないが、どう見ても神の声を伝えているとしか思えない人が身近にいるために神を感じ、その存在を信じているという人もいるでしょう。

ところで、神の存在を信じるこのような人たちは、神のメッセージをどこで聞くのでしょうか。

もちろん、神は書いたものを送ってくるわけでも、現代の言葉で語りかけてくるわけでもありません。当然のことですが、神の言葉を聞いたという人は、脳でそのメッセージを受け取っていることになります。

つまり、**神の情報は、五感をつうじて脳にインプットされ、その情報処理の働きによって、脳がリアルな神というものをつくっている**ということです。

◎B　神が存在しない場合

この場合は、単純です。神が存在しなければ、神を見たり、神の声を聞いたりすることは、すべて幻想ということになります。リアルな神が存在すると感じても、それは脳がつくった情報にすぎないということです。

もちろん、こうした脳内の情報は、厳密にいうと、自分で生み出した幻想、幻覚である場合と、他人がつくった幻想、幻覚である場合があります。後者は、脳内の情報をどこかの誰かがつくってその人に埋め込んだということであり、専門的にいえばこれを洗脳と呼ぶわけです。

神は「人間の脳」によってつくられたのか?

さて、以上のことから、神が存在すると人が信じているときは、厳密に次の3つのケースがあることがわかります。

①本物の神が存在し、それを特殊な能力で認識している場合。
②本物の神は存在せず、神が存在すると自分で思い込んでいる幻想の場合。

③本物の神は存在せず、神が存在するという情報を他人によって埋め込まれた洗脳の場合。

こうしてみると、いずれのケースにおいても、神の情報は脳の情報であることがわかります。本物の神がいようといまいと、神が存在するという情報はあくまで脳がつくった情報だということです。

つまり、一度、脳に神の情報が入ってしまうと、神が存在する場合と存在しない場合との間に、差はいっさいなくなってしまいます。脳がリアルな神をつくったという点で、3つのケースは、いずれも同じになるのです。

「神の目撃情報」を検証する

神は脳がつくったものだと私が話をすると、必ず次のようなストレートな反論をする人がいます。

「いや、私は本当に神を見た」

こういう単刀直入な言い方ほど始末の悪いものはありません。私が見たのだから、私が正しいのだ、あなたの言っていることは私にかぎっては通用しない、と言わんばかりです。

しかし、認識されるべき対象と本人が認識したものとは、決して同じではありません。

たとえば、いまそこにトヨタのクルマが走ってきたときに、それをニッサンと認識してしまうことはよく起こります。

これに類する例は、犯罪の目撃情報が意外なほど当てにならないことでしょう。たとえば、犯人が逃走に使ったクルマについて目撃情報では黒っぽい色とされていたものが、いざ捕まえてみるとシルバーだったという話はよくあります。これはまだ正確性が高いほうで、黒とされたものが本当は白だったり、ワインレッドだったりすることさえあります。目撃情報は、人間の認識が当てにならないことを示す例の宝庫です。

つまり、「本当に神を見た」と思ったとしても、見たのが神ではなかった可能性は常にあるわけです。

また、自分が見たクルマが本当にトヨタだったとしても、それが本当に「本物を見た」ことになるかといえば、実はそうではありません。

たとえば、プリウスが走ってきて、たしかにそれを見たとしても、プリウスのハイブリッド・エンジンの中身までつぶさに見て、「ほう、こんなところにこんなメカニズムが搭載されているのか」と、プリウスのすべてを理解するところまで見たことになるでしょうか。

もし、あなたがプリウスの開発者であれば、誰かがプリウスのボディーを指さして「これがプリウスですね」と言ったとき、「たしかにそうだけど、あなたが見ているのは周りの鉄板です。中のエンジンのこの部分がわからないと、プリウスを見たとは言えないんだけどね」と思うはずです。

本物の神を見たと主張する人も、神をプリウスのエンジンの中のハイブリッドのカラクリまで見るようにして見たのかといえば、見てはいないのです。

このように、本当に神を見たといっても、それは対象のほんの一部にすぎません。ということは、人が神からメッセージを受け取ったと感じたとしても、神がどのような背景と意図を持ってそのメッセージを送ったのか、すべてを理解したとはいえません。つまり、その人が見たのは神の外側の皮だけだった可能性があり、メッセージの内容も誤解している可能性があるということです。

このように**本物の神が存在し、それを特殊な能力で認識した場合においても、結局は脳が一部分の情報にもとづいて全体像をつくっている**ということです。

とすれば、本物の神が存在していても、神の情報は脳がつくっているという点で、神が存在しない場合と同じになるわけです。

霊感や特殊能力があると主張する人は99％オカルト

また、本物の神が存在しない場合の、②自分で生み出した幻想と、③他人によって埋め込まれた洗脳状態とは、脳にとってはまったく差がありません。

いったん脳に入ってしまった情報については、自分がつくりだしたものであれ、他人がつくりだしたものであれ、脳にとってその情報の出所がどこかということはどうでもよいことです。神の情報が自他のいずれに由来しようとも、脳はそれをもとに神の情報をつくるからです。

この場合、簡単にいえば、「霊を見た」というような場合は自分の脳が生み出したもの、壮大な宗教ストーリーや複雑な宗教システムになると他人の脳が生み出したもの、といえます。

前者の霊を見た、霊の存在がわかるというのは、脳が物理現象を霊的現象として処理したために生じる幻想です。それをもとに、霊感などの特殊な能力があると主張する人は99%オカルトと見て間違いありません。

また、後者の例としては、**大本教**《おおもときょう》*の実質的な教祖である**出口王仁三郎**《でぐちおにさぶろう》*が口述した**『霊界物語』***や、**サイエントロジー***の創始者であるSF作家の**L・ロン・ハバード***が著した**『ダイアネティックス』***が典型でしょう。

『霊界物語』が81巻、83冊におよぶ物語であり、ハバードが『ダイアネティックス』

*大本教　神道系の新宗教。1892年（明治25年）出口なお、出口王仁三郎によって創設された新興宗教のルーツとなった宗教団体。正しくは「教」をつけずに「大本」と呼ぶ。

*出口王仁三郎（1871－1948）新宗教「大本教」の二大教祖の一人。霊能者、予言者として知られる。

*『霊界物語』　大本教の教祖・出口王仁三郎が大正〜昭和初期に口述筆記した物語。同教団の教典。

*サイエントロジー　SF作家のL・ロン・ハバードによって設立された新宗

関連のノンフィクションだけでなく、それを題材にした数々のSF小説をいくつも著していることからもわかるように、成功した宗教が持つストーリーはきわめてスケールが大きいという特徴があります。

仏教においても、華厳経など、壮大なストーリーを持っています。『四十華厳経』『六十華厳経』『八十華厳経』だけでも、合わせて180巻もあるわけです。仏教時間は非常に長いことで知られており、たとえば天使の羽衣が石を引っかいて、その石がついに消えてしまう時間の何万倍といったスケールの時間が、ストーリーのなかに流れています。

そのようなストーリーは、よほどの天才の手によるものか、大勢の人がよってたかってつくったか、いずれにせよ完成の日の目を見るまでに相当のパワーと歳月が注がれています。

そして、**壮大な神のストーリーが長年にわたって受け継がれることにより、それは文化レベルの体験として、集団に埋め込まれていきます。**

もちろん、文化レベルの体験そのものも、実際は脳がつくっています。神が存在し

教。正式名称はChurch of Scientology。

＊L・ロン・ハバード（1911－1986）アメリカのSF作家。サイエントロジーの提唱者。

＊『ダイアネティックス』1950年に出版されてアメリカでベストセラーとなったL・ロン・ハバードの著書。心に関わる様々な基本法則を体系化した一般大衆向けの心理療法の技術と理論。

ようがしまいが、すべて最後は、脳がつくった情報である、ということになるわけです。

以上のことから導かれる結論は、**本物の神が存在しようがしまいが、私たちが描く「神」とは人間の「脳」がつくりだしたものである、**ということです。

明治以前の日本には「宗教」という概念がない

では、なぜ脳は、神という情報処理の産物をつくりたがるのでしょうか。

これを解くには、神を問題にするのではなく、脳はなぜ宗教を求めるのか、ということを問題にしなくてはならないでしょう。

一口に宗教といっても、それは一様なものではありません。宗教の定義は、宗教学者の数ほどあるといわれています。

宗教学的な宗教の定義は、実はトートロジーになっています。ここでいうトートロジーとは、同語反復による循環論法です。

それは、簡単に言えば、このようなことです。

つまり、宗教とは何かといえば、「それは超越的な存在（神）についての信念などの観念であり、その観念体系にもとづいた教義、儀礼、組織をそなえた社会集団である」と定義します。そのいっぽうで、それでは超越的な存在とは何かと問えば、「宗教がその中心におく観念である」と定義するのです。

宗教を定義するのに神を持ち出し、神を定義するのに宗教を持ち出せば、宗教とは何か、神とは何かという定義は、いつまでたっても明確になりません。このようなトートロジーをよしとして、定義のあいまいさを放置したまま学問体系を構築しようとしている点が、宗教学の面白いところです。

さて、宗教学という枠組みによらなくとも、人間には宗教心や信仰心があることはわかっています。

たしか島田裕巳氏*が書いていたと記憶していますが、**明治以前の日本には宗教という概念はありませんでした。なぜなら、宗教という概念は明治時代になってから日本に輸入された概念だからです。**

＊島田裕巳（1953－　）日本の宗教学者、作家。主な著書に『創価学会』（新潮新書）、『日本の10大新宗教』『葬式は、要らない』『浄土真宗はなぜ日本でいちばん多いのか』（幻冬舎新書）など。『葬式は、要らない』は30万部のベストセラー。

では、明治時代以前の日本には宗教がなかったのかといえば、もちろんそんなことはありません。それは単に、自分たちがやっていることを西洋的な宗教学が考察の対象にする宗教だと、日本人が認識していなかっただけのことです。明治以前の日本人にとって、それは信仰として存在していたわけです。

その意味で、ここでは宗教学でいう宗教ではなく、信仰心の問題として論を進めていきましょう。つまり、脳はなぜ人間に信仰心をもたらしたのか、ということです。

人間は完全情報を求めて信仰心を抱く

人間が信仰心を抱く理由のひとつ目は、自分が不完全な情報システムであるということを、誰もが何かをきっかけにして自覚することでしょう。

情報システムとしての人間は、部分情報であり、完全情報ではありません。部分情報ですから、未来の出来事を知ることもできないし、自分が正しいと思って行った選択が、望みどおりの結果をもたらすかどうか知ることもできません。

そして、たいていの人は人生の何かの場面で「自分はなんとおろかで弱い存在であることか」と深く気づくことになります。

たとえば、たいへんな災厄に見舞われたり、最愛の人間と死に別れたり、往々にして自分の無力さを痛感するときに「気づき」がやってきます。

すると、全員とはいわないまでも、人間に完全情報を求める心が芽生えます。部分情報とは異なる完全情報があるに違いない、そう考えるようになるわけです。

たとえば、自分が100メートルを9秒でしか走れないときに、「100メートルを光の速度で走れる人がいたらいいのに」とか、隣室で話し合われていることが知りたくて「地球の裏側の人たちの会話が聞こえる人はいないものか」と考えることがそれです。

そして、ついには「宇宙をつくった人がいたらすごいなあ」というところに行き着きます。

自分が不完全な情報システムであり、無力な存在であることは嫌というほどわかっていますから、そうではない完全な情報システムに対する憧憬《どうけい》や畏怖《いふ》の念が生まれるのも容易です。もちろん、そういうものと関係を持つと何かいいことがある、という意識も起こるでしょう。

絶対神のような神をつくりあげてきた思想の始まりは、このような完全情報に対する憧憬や畏怖の念といえます。自分が部分情報にすぎないという思いが、逆に、完全情報があるに違いないという考えに結びつきます。

そして、完全情報を求める心が信仰の念を強め、人間はそれに近づくためにさまざまな儀式や祭祀《さいし》を生み出していきます。

なぜ祖先崇拝が生まれたのか?

人間が信仰心を抱く2つ目は、**シャーマニズムにみられるような信仰心の醸成**でしょう。

シャーマニズムとは、シャーマンである巫女《みこ》や祈祷《きとう》師の能力によって成り立つ信仰で、世界中のいたるところに生まれました。日本で言えば、邪馬台国《やまたいこく》*の卑弥呼《ひみこ》*が行っていたことがこれに相当しています。

シャーマニズムは、自然崇拝、精霊崇拝というアニミズムをともなうケースがほとんどであると同時に、その基本を祖先崇拝においています。

祖先の霊を崇拝する行為は、アジアの国などでいまでも行われています。死んだ祖先が生きている者に影響を与えるとして、信仰の対象にすることです。

なぜ祖先崇拝が生まれたのかといえば、人間は自分が持つ自我と情動が祖先から受け継がれたものだと考えるからでしょう。

そうした大前提があって、自分のお父さんは自分にとって尊敬すべき人であり、そのお父さんのお父さんはもっと尊敬すべき人であるという連続性のなかで、祖先の霊を信仰するわけです。

親が自分の子どもをかわいがり、そのお返しとして、子どもが親を特別な存在だと考えるのはごく自然です。

そして、人間がもともと持っている情動としての親に対する敬愛の念が、シャーマニズムにおける信仰心として社会システムのなかに取り入れられていきます。

＊邪馬台国　2～3世紀に日本列島に存在したとされる国。『魏志倭人伝』の記述から、邪馬台国の起こりについて九州説と近畿説があり、論争が続いている。

＊卑弥呼　『魏志倭人伝』など中国の史書に記録されている倭国の女王。

シャーマニズムでは、巫女、祈祷師は一子相伝ではありませんが、代々血脈で受け継がれることをつねとしています。女系で受け継がれていく場合と父系で受け継がれていく場合の2タイプがありますが、圧倒的に女系が多く見られます。それは、母親の身体からその能力を子どもに授かるという発想があるからです。

シャーマニズムでは、村長《むらおさ》である巫女や祈祷師がお祈りをして、雨を降らせたり、災害を予知したりする例がよく見られます。そのことが、普通の人々が完全なる存在を求める心に結びついていきます。

集団に属する人々は、自分たちにはどうにもできない問題を解決してくれる存在として、巫女や祈祷師を崇《あが》めるようになります。そして、シャーマンに備わった特殊な能力が、祖先を敬うという人々の情動と合わさって、ひとつの宗教システムになっていくのです。

このようにシャーマニズムにおいても、部分情報である人間が完全情報を求めようとするメカニズムが働き、人々の信仰心を強化していきます。完全情報としての神の概念が、シャーマニズムのなかでも次第にはっきりとした輪郭を持つようになるわけです。

死への根源的な恐怖がもたらしたもの

人間が信仰心を抱く3つ目の理由は、**死の恐怖**です。

部分情報である人間は、当たり前のことですが、未来と過去のすべてを知ることができません。

私たちが知りうるのは、生まれてからの出来事と、死ぬまでの出来事にかぎられています。生まれる前の出来事や死んだ後の出来事は、人間の物理世界の外側にあるわけですから、説明しようにもそれはいっさいかないません。生まれてくることについても、私たちは、自分がある決まったときに生まれてくるということを知りえませんし、いつ死ぬのかということについても、皆目わからないわけです。

このように、私たちが部分情報であることを決定的に規定しているのは、人間の生と死です。

生まれる前のこと、死んだ後のことという説明のつかない世界に対して、部分情報である人間が何らかの説明を求める気持ちを強く抱くのは当然です。そして、それを解き明かしてくれるはずの、完全情報としての神を求めるようになるわけです。

これは、生物と死の恐怖との関係を考えても、ごく当然の帰結です。

なぜなら、死の恐怖は、ほとんどの生物のなかに情報として書き込まれており、死を恐れない生物はありません。死の不安のない生物がいたとしたら、それは大喜びで死に絶えて、とっくの昔に絶滅しているのです。

逆に言えば、絶滅せずに現代まで生き残って進化し、繁栄している人類のような種は、よほど死を恐れているということです。

死の恐怖は、脳の大脳辺縁系*などに刻まれている、根源的な恐怖です。とはいえ、人間は通常、死に具体的に直面するまで、そのことをあまり考えつめないようにつくられています。死の恐怖にあまりにも拘泥すれば、食糧を確保し睡眠をとり子孫を増やすという、生物としての現実的な営みができなくなってしまうからです。

しかしながら、健康な人でも死の恐怖に囚《とら》われるきっかけはやってきます。家族や

＊大脳辺縁系　人間の脳のうち、記憶や情動をコントロールしている複数の部位の総称。

仲間の死、あるいは自分の身体に異変が起こったときなどがそれでしょう。

その恐怖心をやわらげるために、人間には「何らかのストーリー」が必要になってきます。

それが、部分情報としての人間が絶対に体験しようのない死後の世界に対する、完全情報とみなされる側からのストーリーテリングであるということです。

宗教の教義が持つストーリーはいずれも、こうしたストーリーテリングに当てはまります。そして、それが一番上手な人が教祖として、人々の信仰の対象に据えられることになります。

これら3つは、それぞれが単独ではなく複合的に合わさって、人間から信仰心を引っ張り出し、それぞれの地域に信仰を根づかせてきました。いずれにしても、人間が部分情報であるがゆえに抱く未知への憧《あこが》れと不安がそれを成り立たせているといえます。

こうして生まれた人間の信仰心は、完全情報である神と接するための社会システムとして発展していくわけです。

宗教が生む権力支配構造　〜宮本武蔵は催眠術師だった!?〜

当然のことですが、社会システムとして発展するということは、そこに権力が生まれ、統治や支配の力関係が働き始めるということです。

もちろん、その権力がどのようなメカニズムのもとに生まれたかは、地域によって異なります。ストーリーテリングが一番上手な人が権力者になる場合もありますし、血脈の正統性が争われる場合もあったでしょう。もしくは、幻覚を見せる技がうまい人が勝ち残る場合もあったに違いありません。

たとえば、ストーリーテリングの上手な人は、部分情報である普通の人にはわかりえない死後の世界や輪廻《りんね》の世界をリアルに伝える何らかの方法を持っていたからこそ、教祖として権力を握りました。また、雨を降らせる能力などを持つ巫女や祈祷師は、それゆえに権力を持ちました。

いずれも、常人が持ち合わせていない、たいへんな能力かもしれません。

しかしながら、ストーリーテリングが上手な教祖は、自分が話す内容が完全情報であると言っているだけで、それを証明したわけではありません。

また、雨を降らせた巫女や祈祷師も、気象に通じていたために降雨を導く方法や降雨の時季を知っていて、それができたというにすぎません。

双方ともが示した超人的な能力は、完全情報ゆえの能力ではなく、人心を掌握する巧みな「技」だったというべきでしょう。

ところで、話は少々それるかもしれませんが、知人の著名な催眠術師があるとき、こんなことをいいました。

「宮本武蔵の肖像画を見ると、私には、どう見てもそれが催眠術師の顔、催眠術師の姿に見えてくるんです」

宮本武蔵の肖像画はいくつかあるとされ、なかでも晩年の二刀流立ち姿は有名です。もちろん、この肖像画もどれがオリジナルで、どれが模写か、はっきりとしていないわけですが、彼は、そのいずれも武蔵が催眠術師であることを伝えているように見えるというのです。

剣豪というと、私たちは、それが剣のみで優劣を競う世界であるかのように思い込んでいます。

宮本武蔵像（島田美術館蔵・熊本県指定重要文化財）

ところが、織田信長の時代から江戸幕府が打ち立てられて戦乱が収まるまでの時代を追っていくと、そこに登場する剣豪たちの多くは、剣術と同時に妖術をつかったことを示す断片的史料があちこちに残っています。宮本武蔵がそうした術を用いたのかどうか、定かなことはいえませんが、知人の催眠術師の見立てはたしかに一理あるように思えます。

その昔の戦国時代には、剣術が強い人が権力を握りました。古武道の成り立ちから見ても、剣が強かった人たちが瞬間催眠に秀でていた可能性は高いと思えます。

その意味では、織田信長も、徳川家康も、催眠術師であった可能性は残されているわけです。要するに、信仰から生じる権力も、社会に君臨する権力も、その根っこにあるのは、大きく催眠術に分類することのできるような「技」であったといえるのではないでしょうか。

現在の国家は「信仰心」から生まれた

こうして、信仰心は権力を生み出し、権力は支配を生み出します。支配は社会に秩序をもたらし、それがさまざまな社会システムを生み出していきます。

そして、国家が生まれます。より広範な社会が成り立つためには国家権力がなくてはならず、その出所も、これまで見てきたように、信仰心ということになるでしょう。

信仰心があれば、人々は簡単には悪事を働かなくなります。そんなことをすれば「罰が当たる」という規律も生まれます。キリスト教、イスラム教、仏教、バラモン教、道教、いずれにしても悪いことをすれば地獄に落ちるという価値観を教えることがほとんどです。人々がより安心して暮らすためにも、社会は信仰心を必要とし、それが権力をより強固なものにしていきました。

たとえば、あれだけ広大な領土を持つ中国が国として成り立ったのは、秦《しん》＊の始皇帝《しこうてい》＊が圧倒的な権力を振るったからです。始皇帝の時代に秦で民衆に支配的だった宗教が道教だったのか、シャーマニズムだったのか、はっきりしませんが、その権力の源泉が民衆の信仰心だったことは間違いありません。

逆に言えば、信長が一向一揆《いっき》＊を恐れたのも、そうした理由からです。一向宗は、親鸞《しんらん》を信仰しても、信長を信じはしません。彼らは、信長がどのような人物であるのかさえ知らないながらも、「信長を倒せ」と反乱を起こしました。こうした一向宗の信仰心が圧倒的な権力を生み出すことを恐れて、信長はそれを弾圧したわけです。

このように考えていくと、信仰心が機能すると社会秩序が生まれ、それが国家の成立につながり、人間の文化的な進歩が継続してきたことがわかります。人間は、自分が特定の宗教を信じているいないにかかわらず、たいへん強い信仰心を持ち、その信仰心から生まれた権力と秩序によって社会を構築してきたということです。

＊秦　紀元前778年から紀元前206年に存在した中国の王朝。

＊始皇帝　秦の初代皇帝。紀元前221年に史上初の中国統一を成し遂げ、紀元前210年に死去するまで君臨した。

＊一向一揆　室町時代中期以降の1世紀にわたって浄土真宗本願寺教団（一向宗）の信徒たちが起こした一揆。

21世紀の私たちは、その結果として、いまここにいるわけです。

実は、この点が非常に重要なポイントです。

つまり、**現代における世界の秩序、すなわち高度に発達した政治システム、経済システム、そして社会システムのすべては、人間の信仰心や宗教が大前提となって構築されてきたものである**、ということです。

第3章で詳述するように、「神は存在するか」という問題について、科学はすでに「存在しない」という解を導いています。

「であるならば、宗教とは何か」といえば、すでにふれたように、それは催眠術のようなものです。これは決して宗教を貶《おとし》める意味で言っているわけではありません。催眠術にしても臨床催眠のように社会の役に立っているものもあります。

圧倒的に巧みなストーリーテリングや、雨を降らせるワザ、あるいは密教的な幻覚を見せるワザなどのすべては、超自然的な力を人々に信じ込ませる技術といえます。

宮本武蔵の術中に対戦相手がはまってしまうように、教祖や巫女、祈祷師は人々を虜《とりこ》にします。そして、そのワザをかけられた人間の大半は、神が存在するしないにかかわらず、神の存在を信じるようになります。その結果、社会が維持されてきたというのが西洋の歴史と思っていただいてよいでしょう。

なぜなら、本章の冒頭で紹介したように、**それが脳にインプットされてしまうと、神の情報が脳の情報に変わり、それが真実であるか否か、情報の出所がどこなのかという点は、いっさい無関係になるからです。**

宗教学者による反論

さて、**このように宗教の話を説き起こすと、きまって宗教学者の方々からたいへん強烈な反論が寄せられます。**

前に少しふれましたが、宗教学には、西洋的な宗教と神の定義があり、宗教とは何か、宗教の始まりとは何かという定説があります。彼らの目には、私がそれをいっさい無視して勝手なことをいっていると映るわけです。

この点は、読者の方々も戸惑いを感じるところでしょうから、ここで私の論点をはつきりさせておきましょう。

まずは、たとえ話からです。

言語学という言語現象を研究する学問があります。言語の成り立ちと言語学の成立との関係は、人間の信仰心の成り立ちと宗教学の成立との関係によく似ています。

人類の歴史をさかのぼると、農耕は1万年ほど前に始まったとされています。とすると、言語の歴史は1万年くらいあるのではないかと考えることができます。農耕文化が起こったということは、そこで何らかの高度なコミュニケーションが成り立っていたはずだからです。そうでなければ、種まきから収穫までの稲作の工程を集団でこなすことは難しいでしょうし、季節や天候といった情報を集落で共有することもできません。

ただし、言語がどのようにして成立し、それがどのように発達していったのか、正確なところは何もわかりません。現物が何ひとつ残っていないからです。

壁画文字や竹簡《ちくかん》、木簡《もっかん》など、書かれたものが遺《のこ》されている時代の言語のことはまだわかります。しかしながら、音声言語しかない時代のことは知りようがありません。

最初は「うー」「かー」などの合図としての発声だったものであったはずですが、それがいつごろから文法構造を持った言語に発展したのか、そのプロセスを推し量る手がかりは何もありません。

それに引き換え、言語学がいつできたかといえば、100年あるいは200年という歴史しかありません。

宗教と宗教学の関係についても、実は同じことがいえます。人間の信仰心がどのようなプロセスをへて宗教システムに発展したのか、音声言語しかなかった時代のことは何もわかりません。

言語学においては、かつて印象深い体験をしました。

カーネギーメロンの大学院で言語学を学んでいたとき、私はノーム・チョムスキー*という有名な言語学者の高弟に指導を受けていました。チョムスキー言語学を生んだ、あのチョムスキー教授の弟子です。

そのとき、研究対象として私が関心を寄せていたひとつに、「太郎が花子に本をく

*ノーム・チョムスキー（1928－）アメリカの哲学者、言語哲学者、言語学者、社会哲学者、論理学者。1950年代後半以降、生成文法理論を発表し、言語学およびさまざまなジャンルの世界に革命をもたらした。

れた」と「太郎は花子に本をあげた」という、話者の視点の移動という日本語の言語現象がありました。これは、エンパシー理論といい、当時ハーバード大学の言語学科長であった久野暲《すすむ》教授が研究していた分野です。

「太郎が花子に本をくれた」も「本をあげた」も、その意味内容は同じです。ただし、「くれた」というときは花子の側に話者の視点があり、「あげた」というときはそれが太郎側にあります。

花子が自分の子どもである場合は、話者は「太郎が花子に本をくれた」という言い方をし、「太郎が花子に本をあげた」とは絶対にいいません。私たちは、これを日常的に、意識せずに使い分けているわけですが、どのようなメカニズムが働いて話者の視点が移るのかを明らかにしたのがエンパシー理論の骨子です。

私は、それを修士論文に取り上げようと考え、教授に相談に行きました。すると、彼は私の考えに強硬に反対し、最後にこうとどめを刺しました。

「**そんなものは、言語現象ではない**」

話者の視点が移動する現象は、実際、言語現象以外の何物でもありません。またハーバードの言語学科長の研究テーマが、言語現象でないというのもすごい発言です。

ここでは多くを説明する紙幅はありませんが、チョムスキー言語学の研究対象は統語論といわれる文法論です。彼らから見れば、「あげた」「くれた」は文法ではない、ということになるのかもしれませんが、少なくとも私は、たとえチョムスキー言語学の範疇《はんちゅう》においても、研究対象として十分に価値のある言語現象だと考えていたわけです。

ところが、**チョムスキー教授率いるMIT言語学では、それは言語現象ではないとされました。**当然のことですが、私は、修士論文にそれをそのまま取り上げることをあきらめざるをえませんでした。

「宗教学が対象としない宗教現象」は宗教ではない!?

宗教学でも、同じことが行われています。

そこでは、しばしば「**宗教学の対象宗教**」という言い方をします。どういうことかというと、「**宗教学が研究の対象としているものを宗教という**」ということです。**つまり、それが対象としない宗教現象は宗教ではない**、ということでもあるわけです。

これは、本末転倒といわなくてはなりません。

西洋で生まれた宗教学は、もともと神学の一部でした。その出所はどこかといえば、キリスト教の歴史であり、ユダヤ教の歴史に求められます。その点からもわかるように、宗教学における宗教の概念には、西洋宗教のなかで連綿と受け継がれてきた西洋的な定義の概念が埋め込まれています。

もちろん、宗教学が神学から独立してからは、キリスト教、ユダヤ教、イスラム教など、宗教に共通するモデルを抽出し、宗教というものをメタに論じることができるような学問体系にはなっているでしょう。

しかし、宗教学の対象宗教に釈迦の宗教が入るのかといえば、これを無条件で首肯するのはたいへん厳しいに違いありません。なぜなら、オリジナルの釈迦の縁起の思想は、葬式はやるな、あの世はない、神はいない、魂はないという具合に、無神論といえるものだからです。

神という概念を否定することも、実は、ひとつの宗教現象です。釈迦は、そのような悟りを開いたからこそ、そういったに違いなく、その思想を宗教現象として広めようとしました。

ところで、**西洋における宗教の歴史を振り返ると、宗教学が取り上げない大量の宗教があるという事実に行き当たります。**

歴史とは、常に勝者が書き残した記録です。この世の中に、敗者の記録というのはほとんど残っていません。

日本、中国、韓国の間で争われている教科書問題がいい例でしょう。敗者である日本が言っている歴史と、中国、韓国などの勝者である連合国側が言っている歴史とで、大きく食い違いがあるわけですが、日本側が主張する歴史は、連合国側は歴史として認めません。

もちろん、民主主義と情報の伝達手段が発達した現代においては、日本側が言う歴史も記録としては残るには残ります。しかし、これが100年や200年も昔の話なら、日本が主張する第二次大戦の歴史はことごとく抹殺されていたことでしょう。

このように、**これまで世界の歴史に書かれてきたことは、すべて勝者の歴史です。宗教についても同じことで、いま宗教として歴史書に残り、実際に信仰心の対象にされているものは勝者の宗教です。**そこには必ず敗者の宗教があったはずですが、その記録はことごとく抹消され、足跡は残っていないのです。

勝者の歴史で語られる「魔女狩り」と「死海文書」

その例としては、ヨーロッパ中世の魔女たちの存在があります。

魔女狩り*に遭い、火刑に処された魔女たちは、歴史的には「異端者（haereticus・ラテン語）」の3文字で片づけられ、彼女たちがどのような人々であったのか顧みられることもありません。本当は、魔女たちにも教義があり、独自の宗教体系を持っていたはずですが、それは全部、抹消されてしまいました。

*魔女狩り　15世紀から18世紀のヨーロッパでおもに発生した社会現象。妖術を使ったと疑われる者に制裁を加え、ときに死に至らしめた。

キリスト教内部においても、実は同じようなことが行われてきました。

たとえば、**キリスト教の福音書*には、いま世の中に知られている福音書のほかに、外典と呼ばれるものがあります。**

有名な「**死海文書**」にも、外典が含まれています。

死海文書は、1947年から56年にかけて、死海北西の要塞《ようさい》都市クムランの周辺の11の洞窟《どうくつ》から発見された文書です。炭素年代測定法によって、紀元前2世紀中ごろから、紀元後1世紀にかけて書かれたと特定され、その数はおよそ800巻とされています。

その全巻公開が遅れたために、そこにバチカンを揺るがすような内容が書かれてい

ヨハン・ヤコブ・ウィックによって描かれたスイス・バーデンの魔女狩り（1585年）

＊福音書　イエス・キリストの言行に関する伝承を編集して、まとめあげた書物。新約聖書にはマタイ、マルコ、ルカ、

るのではないかと世界的な憶測が沸き起こり、それを題材にしたミステリー小説が登場して大きな話題をさらいました。

しかし、1995年には、すべての文書が公開され、バチカンを巡る憶測は一応の収束を見ました。

もちろん、死海文書のすべてが公開されたといえるだけの根拠はありません。そして、バチカンの地下には、死海文書にあるような外典が一般の目にさらされることなく眠っているという嫌疑はいまだに残っており、おそらくそのとおりではないでしょうか。**あらゆる勝者の歴史がそうであるように、教義の純粋化を進めるプロセスで、そのために都合の悪いことは消去されてきた**に違いないからです。

さらに、例をあげると、原始キリスト教

第1洞窟から見つかったイザヤ書の第2の写本

ヨハネによる4つの福音書が収められている。

においては輪廻転生の概念があったという説もありますが、これも現在のキリスト教では排除されています。これは、553年にバチカンがコンスタンティノープル公会議において、投票によって聖典から輪廻転生をはずすことを決めたとされています。つまり、このとき輪廻転生を信じる勢力は、多数派によって敗者の立場に追いやられたということでしょう。

消えていった敗者の宗教

死海文書のなかには、**エッセネ派**＊の信条が書かれたものが含まれています。**エッセネ派というのは、イエス・キリストが学んだユダヤ教の宗派です。**イエスが生きた時代にも、それ以前の時代にも、さまざまな宗派が存在していたであろうことは、現代に数限りない宗派が存在することからも容易に想像がつきます。

要するに、その時代から現代にいたるまで、膨大な数の宗教が生まれ、そのほとんどが敗者となって消えていったということです。

＊エッセネ派　紀元前2世紀から紀元前1世紀末に存在した、イエスとほぼ同時代のユダヤ教三大教派の一つ。

預言者は、イエス以外にもたくさんいたでしょう。もしかしたら、イエスと同じように復活したかもしれないし、イエスと同じように十字架にかけられたのかもしれません。もちろん、敗者の記録はありませんから、彼らの姿はその後、人々の記憶からすっかり消え失《う》せ、現代に生きる私たちは、「そんなこともあっただろうな」と想像力をめぐらせることさえしません。

さて、**こうして消えていった宗教は、宗教学が対象とする宗教には数えられません。**

つまり、宗教学とは、まずはそのときに大きな社会的なインパクトを与え、その後にデファクト・スタンダードとして勝ち残ってきた宗教の特徴について研究する学問である、ということです。

それは、言語学におけるチョムスキー言語学のようなものです。すべての言語現象を研究対象にするのではなく、彼らが言語学であると規定した対象のみを取り上げるのと同じです。

そこで、宗教学のいう宗教を離れ、宗教現象という見方をすると、それが人間の脳に組み込まれている現象である、という結論にたどり着かざるをえません。
なぜなら、人間の脳は、幻視、幻聴、幻覚をよく起こします。

脳の情報処理は、必ずしも正確ではありませんし、その都度、対象をはっきりと認識するわけではありません。いま見ているものでさえ、実際は見ていないというケースが多々あります。見ていると自分では思っている対象が、過去の記憶からそれに似たデータを引っ張り出しているだけということもしょっちゅうです。

脳が幻覚を見る仕組みは単純なものです。脳には、物理空間と同じように情報空間をリアルに感じるカラクリが組み込まれています。過去の記憶から引っ張り出した情報を繋《つな》ぎ合わせて、リアルな幻覚を創《つく》りだしてしまうのです。

「資本主義」も「マルクス主義」も宗教現象にすぎない

消えていった敗者を含め、歴史的に宗教現象を俯瞰《ふかん》すると、脳が自らのカラクリをつうじて「完全な存在」だと信じ込む対象は、そのすべてが宗教現象である、ということができます。

それは、世界四大宗教にかぎりません。**釈迦が唱えた無神論も宗教ですし、スピリチュアリズムや毎朝テレビで流される血液型占いや星座占いも宗教といわなくてはなりません。**「それを信じれば、いいことがありますよ」と人々の脳に働きかけ、なんら科学的に根拠のないことを唯一の価値であるかのように受け入れさせてしまうものは、すべて宗教だということです。

その意味では、資本主義もマルクス主義も宗教現象です。

なぜなら、資本主義とはお金という完全情報に対して憧れを抱き、そこに不変の価値を見いだす脳内現象だからです。

「お金がないと不安だ」

「国が破綻《はたん》したらどうしよう」

私たちの日常につきまとうお金に対する妄信は、お金こそ唯一絶対の価値であると信仰する宗教現象ならではのものといえます。

また逆に、資本家の搾取をただし、労働者による階級闘争の進化を予言したマルクス主義は、資本主義に対抗するための宗教現象です。それは、労働こそ唯一絶対の価値であると信仰する宗教現象だといわなくてはなりません。

前にふれたように、人間の政治システム、経済システム、社会システムが人々の信仰心の上に営々と築かれてきたものである、という事実を考えれば、その連関がぼんやりながらも見えてくるのではないでしょうか。

次章では、現代の社会を成り立たせている宗教現象とは何か、という論点を深く掘り下げていきましょう。

第2章

宗教と統治のヤバい関係

政治が宗教を「目的達成の道具」にする時代

人間の信仰心が権力を生み出し、社会の秩序を生み出してきました。つまり、人間の信仰心が世界の秩序の大前提になっているというところまでは、特別に悪いことも、問題とすべき点もなかったということができます。

なぜなら、宗教と政治という二大権力が互いの力関係を拮抗《きっこう》させることで、世界秩序のバランスが保たれていたからです。そして、その秩序のなかで、人類は種族として進化し、文化的に発展することができたからです。

ところが、両者の力関係の拮抗は、あるときから、それとはわからない形で、大きく変容していきます。**政治と宗教が、互いに利用し合って世界の秩序を維持する関係から、政治が宗教を従属させ、目的達成の道具として利用するようになったということです。**

たとえば、人々が霊を信じる現象を考えてみましょう。

「おじいちゃんの霊があなたを守っているの。おじいちゃんだけでなくて、おじいちゃんのお父さんも、そのまたお父さんも、みんなあなたを守っているの。そして、死んだら、あなたの霊もそうなるのよ。見えないかもしれないけど、みんな、あなたのすぐ傍《そば》にいるわ」

霊の存在は、原初的には、以上のような文脈のなかで受け継がれてきたシャーマニズム的な祖先崇拝です。それは、恐怖に怯《おび》える子どもを安心させる場合などに、お母さんやお父さんから語り継がれる内容であり、「神が見守っている」という内容に比べてはるかに説得しやすいでしょう。

そのようにして受け継がれてきた「霊がいる」という文化的な幻想を、あるときから、政治は意図的に、徹底的に、世の中に浸透させていきます。

理由は、それが国民に束《つか》の間の安らぎを与えるからです。

もちろん、この安らぎは、心の底から朗らかになれるような、本当の安らぎではありません。麻薬を吸引した人が、一時的な解放感に浸るようなものです。

人々は、こうした一時しのぎの安らぎをくり返し与えられることによって、いま置かれている苦境を打開したり、根本的な解決を求めたりする意欲や能力を、知らず知らずのうちに失っていくことになります。しまいには、苦境に慣れ、それが当たり前の状態だと考えるようになるのです。

たとえ近い将来に破局が見えていたとしても、力を合わせてそれを回避しようとは考えません。仕事のことや人間関係など目先の利害にとらわれ、大きな理想や希望といったものに対する感受性が失われていきます。

そして、いざ破局が訪れると、「それも運命だ」「なるべくしてなったのだ」と、悲惨な結末を簡単に受け入れます。

こうした人々が増えることは、国家にとって、実に好都合です。

「スピリチュアルブーム」や「占い」に潜む政治的意図

いっときほど表立ってはいませんが、日本では、スピリチュアルブームが現在進行形で社会の隅々に伝播《でんぱ》しつつあります。

毎朝のテレビ番組では、血液型や星座占いが放送され、視聴者は「今日はいい日だ！」とか「なんだ、今日はツキがないみたいだな」とか、いちいち揺さぶりをかけられています。血液型や星座が人の人生に影響を与え、毎日の生活リズムを支配するという科学的な根拠は何もありません。実際、テレビ占いで「ついている」とされた人が、その当日、とんでもない災難にあったという例は、掃いて捨てるほどあります。

そもそも占いは宗教の一形態です。それを公共の電波で流すことは、放送法の趣旨からいって、厳しく禁じられてしかるべきです。憲法で保障された信教の自由からいっても、テレビによる占い番組の押しつけ行為は、違憲ではないかと考えます。にもかかわらず、総務省は、国民を惑わす占い番組を野放しにしています。

いま日本のマスメディアは、次から次に政治ショーを垂れ流すいっぽう、本来、放送すべき重大事はニュース番組でさえ取り上げないという状況です。そのなかで、占い番組だけは、律儀にも、毎朝欠かさず流されているのです。

これがとてつもなく恐ろしい状況だと感じないとしたら、日本人の理性はすでに相当部分、骨抜きにされているといわなくてはなりません。

アメリカにおいても、スピリチュアルを喧伝《けんでん》する傾向は顕著です。

たとえば、ハリウッドの映画制作において、神秘体験や霊の存在を題材にした映画は相当数に上っています。記憶に新しいところをざっと挙げても、『シックス・センス』『ギフト』など霊体験を題材にした作品は目立ち、戦後に制作されたオカルト作品はきわめて膨大な数に上っています。

2005年から2011年にかけて、全米NBCネットワーク（第6～第7シーズンはCBS）で「ミディアム――霊能捜査官アリソン・デュボア」*が放映され、視聴率を稼ぎました。オカルト的な能力にスポットを当てた番組は、ひきつづき量産され、アメリカの家庭に垂れ流されています。

とくに、リーマン・ショックの後遺症にさらされる米国民の大多数は、奇跡やスピリチュアルな救済物語の虜にされています。**政治サイドとしては、もっともらしい霊的存在に対する関心が高まることは、経済的困窮の問題から国民の目を逸《そ》らす、好都合な材料に違いありません。**

霊的存在を肯定する風潮は、日本のような多神教の国ならいざしらず、キリスト教国のアメリカでは、本来なら許されません。なぜなら、キリスト教は一神教であり、神以外の対象を信じてはならないという教えです。

にもかかわらず、スピリチュアリズムに対する関心が高まっているのは、それを是とする意図が働いていると考えなくてはならないでしょう。

「宗教改革」は腐敗した政治権力への反発だった

日本からアメリカを眺めるだけではわかりづらいかもしれませんが、アメリカ人に

＊ミディアム　アリゾナ州フェニックスに住む主婦が霊能力を使って事件解決のために警察の捜査に協力していくテレビドラマ。主演のパトリシア・アークエットはエミー賞主演女優賞を受賞した。

とってキリスト教は絶対的な存在です。

しかも、アメリカは、原理主義的なキリスト教の力がきわめて強い国です。

プロテスタントとカトリックの二大宗派に大別されるアメリカでは、支配層に位置づけられる人々のほとんどがプロテスタントであることからもわかるように、支配的な宗派はプロテスタントです。

プロテスタントは、カトリックよりも厳しい戒律を持つ宗派です。日本人の過半数は、カトリックのほうが厳格だと誤解しているようですが、実態はその逆です。

プロテスタントとは、もとを正せばピューリタン（清教徒）です。彼らは、イギリス国教会の改革を唱えたプロテスタントの最大グループであり、1640年に起きたイギリスのピューリタン革命を主導しました。

ピューリタン革命は1640年に始まりますが、それはイギリス全土を巻き込む内

ジャン・カルヴァン（ハンス・ホルバイン画）

＊ジャン・カルヴァン Jean Calvin（1509－1564）フランスの神学者。キリスト教宗教改革初期の指導者。1559年に創設されたジュネーヴ大学の創立者。

乱に発展します。結局は王権勢力の巻き返しの末に革命は頓挫《とんざ》し、1660年の王政復古によって幕を閉じます。**ピューリタンたちが立ち上がった理由を簡単に言えば、国民の経済的な苦境を打破するために、キリスト教の教義に忠実な政治を求めて教会権力に反抗したということです。**

そこには、宗教改革の意図とともに、「国民から富を貪《むさぼ》るだけの為政者をやっつけろ」という、歴史上のすべての革命につながる論理が働いていました。

イギリスのピューリタン革命につながる源流は、16世紀初期から前半にかけ、大陸で起こったジャン・カルヴァン*やマルティン・ルター*による宗教改革運動にさかのぼることができます。

ご存じのように、カルヴァンにせよルターにせよ、彼らの戦いの対象は堕落した教会権力です。彼らは、ピューリタン革命同様、教会が堕落しているから社会が乱れ、

マルティン・ルター（ルーカス・クラナッハ画）

*マルティン・ルター Martin Luther（1483－1546）宗教改革の中心人物。プロテスタント教会の源流をつくり、ヨーロッパ文化、思想にも大きな影響を与えた。

国民が貧しさのなかに押し込められるのだ、と考えます。

その理屈は、おかしな法律をつくったり、法律を捻《ね》じ曲げて運用したり、あるいは社会の規範が乱れたりすれば世の中がおかしくなるという、ごく当たり前の真理でしょう。

カルヴァンやルターは、改革の手段として、聖書をキリスト教唯一の源泉にし、その教えに則《のっと》って政治を行うべきだと主張します。これは、世俗化した教会に対して、鋭く対立する原理主義運動だったといえます。

ヨーロッパの宗教改革運動の背景には、聖書の教えによる〝法治〟ではなく、王権の恣《し》意《い》的な〝人治〟によって統治が進んだことへの反発が、必ずといっていいほど存在します。王権派に都合よく、好き勝手に教義が捻じ曲げられ、そのために世の中が乱れていくことが、彼らには我慢がならなかったということです。

さて、ピューリタン革命が王政復古という帰結を迎えると、敗れたピューリタンたちは、失意のなかでアメリカ新大陸へと渡り、新天地で彼らの理想を実現しようとするわけです。

このようなアメリカ移民の歴史的プロセスを見れば、彼らがいかに原理主義的な傾向を持つかという点を理解できるのではないでしょうか。

たとえば、アメリカには、いまだに電気やガソリンをいっさい使わずに生活を営むアーミッシュ*と呼ばれる人たちがいます。もちろん、真の平和主義者であるこの人たちに、批判的なことを言うつもりはまったくありません。

彼らは、いまでも馬車に乗り、井戸を掘って水を汲み、電気もガスも使わず、消費文明とは無縁の暮らしをしています。自分たちが信じるキリスト教の教義をただ守り、彼らはそれに忠実に生きているわけです。

考えてみて欲しいのですが、日本が、この21世紀に、アーミッシュのような生活スタイルを頑《かたく》なに維持しつづける集団を許容するでしょうか。私たちはそこに、キリスト教原理主義を尊重する、アメリカの価値

*アーミッシュ　アメリカのペンシルベニア州・中西部、カナダ・オンタリオ州などに居住するドイツ系移民の宗教集団。移民当時の原始的な生活様式を保ち、自給自足生活を実践している。人口20万人以上。

『The Amish and the Mennonites』（1938年）表紙

観を嗅《か》ぎ取らなくてはならないでしょう。

序章で紹介したように、いまだに中絶手術を行う産婦人科医を撃ち殺すこともいとわない南部10州のプロテスタントたちがいるのも、こうした価値観がアメリカに、いまだに強固に存在しているからです。

原理主義的なキリスト教徒たちにとっては、霊が存在するかのように宣伝する映画やテレビは言語道断に映っているに違いありません。聖書では、身近な人が霊となって現れることをいっさい教えていませんし、まして、主イエスでもない人間が霊能力を発揮するなどということを預言してもいません。

かりに、中世の魔女裁判の時代であれば、映画やテレビの制作者は、ただちに異端審問にかけられ、火あぶりの刑になっているでしょう。

イスラエルのヒルトンホテルで体験した異様な宗教原理主義

宗教に対するアメリカの風土を理解するために、もうひとつ例をあげましょう。

それはアメリカのユダヤ人についての話です。原理主義では、実は彼らも非常に似通ったところがあります。

典型的なユダヤ人は、ニューヨークの街角などで見かければすぐにわかります。彼らはもみ上げを伸ばし、黒いモーニングを着て黒い山高帽をかぶり、ステッキを持つというユダヤ人独特の出《い》で立ちで街を歩いているからです。それは、ユダヤ教の教義に沿った、彼らの伝統的な出で立ちです。

しかしながら、ユダヤ人の本拠地であるイスラエルに行くと、ニューヨークなどで見るユダヤ人らしいユダヤ人の姿は、エルサレムなどの特別な地域を除くとほとんど見かけません。この違いは、どこから生じるのでしょうか。

若いころ、イスラエル出身のユダヤ人の友達に誘われるままにイスラエルを訪れたとき、ちょっと奇妙な体験をしたことがあります。

宿泊したテルアビブのヒルトンホテルのルームサービスで、ハンバーガーとコーヒーを注文したところ、何十分待っても、たったそれだけの品が出てきません。

「ハンバーガーとコーヒーで、なぜこんなに時間がかかるんだ？」

私はマネージャーを呼んで、少々イライラした口調でいうと、こんな答えが返ってきました。

「ここはイスラエルで、ユダヤの国です。あなたはハンバーガーとコーヒーを注文しました。それはユダヤ教に違反しているのです」

「なぜ違反なの？　だって、ちゃんとメニューに載っているものだよ」

そこはコーシャーといって、ユダヤ教の教義どおりに調理した料理を提供するホテルです。ユダヤ教やイスラム教では、食材や調理の方法などに禁忌があるため、コーシャーキッチンでは戒律を破らないよう厳格に手順を規定し、教義的に正しい料理を提供しています。

「わかりました。少々、お待ちください」

マネージャーはそういって、引っ込みました。ところが、ずいぶん時間がたってから、彼はふたたび手ぶらで現れました。そこで私は、何が問題なのかと、マネージャーをさんざん問い詰めました。

不毛なやりとりをつづけるうちに、私はようやく問題らしきもののシッポをつかみました。彼によると、**聖典のなかに「汝《なんじ》、母の乳で子の肉を煮るなかれ」という一節があり、ホテルのラビ（ユダヤ教の宗教的指導者。日本でいえばお寺の住職のような立場）がそれはダメだといっている**、というのです。

それでも、コーヒーのポーションでハンバーグを煮るわけでもあるまいし、合点がいくはずがありません。

「だったら、何がダメなのか、もう一度ラビに聞いて、それを私に正確に聞かせてくれ」と、私は彼を追いやりました。

しばらくして、戻ってきた彼は、

「ラビは、ひとつのプレートに肉とミルクを同時においてはいけないといっています」

「それなら、プレートをわけなさい。コーヒーとハンバーガーを別に持ってくれば問題ないでしょ」

「うーむ、わかりました」

マネージャーはしぶしぶ承知しましたが、不思議な一言をつけ加えました。

「でも、ひとつだけ約束してください。われわれがそれを提供したという話は、誰にも口外しないでいただきたいのです」

なぜ秘密にしなくてはならないのか、私は腑《ふ》に落ちませんでした。

ユダヤ人の友人の家では、肉も、チーズも、ミルクも、同じキッチンで調理しています。私たちと同じようにコーヒーにミルクを入れて、ふつうに飲んでいます。友人にそれとなくきいてみると、イスラエルのユダヤ人は、教義違反に目くじらを立てるような人はほとんどいない、というのです。

私は、その後も、あのマネージャーの最後の言葉がずっと気にかかっていました。

世界一の宗教原理主義の国・アメリカ

しばらくして、あるユダヤ系アメリカ人の知り合いにこの話をしたところ、ようやく事情が呑み込めてきました。

ニューヨークなどにもコーシャーキッチンはいくつもあり、そこでは教義にのっとった厳格な調理法、厳格な提供法が守られています。そのため、キッチンにしても、チーズなどを扱うところと肉を焼くところとが、明確に分かれているのだそうです。

そして、その教義を破ったとなると、店は信用を失い、客足が途絶え、潰《つぶ》れてしまいます。ことほどさように、**ニューヨークのユダヤ人は原理主義者であり、教義に対して保守的かつ厳格です。**

イスラエルのヒルトンホテルのコーシャーでマネージャーが気にしていたのは、つまり、教義違反の噂《うわさ》が海外に広まるのが嫌だったのです。なぜなら、もしそうなったら、アメリカのユダヤ人が巡礼のためにイスラエルに旅行したときに、ヒルトンホテルを利用しなくなるからでしょう。

なにせ、アメリカに暮らすユダヤ人の数は、イスラエルの人口とほぼ等しく、700万人にのぼります。しかも、アメリカのユダヤ人は、お金持ちや有力者が多く、その影響力ははかりしれません。

さて、原理主義的なキリスト教国に、原理主義的なユダヤ教徒がいるということを、私たちはどのように理解したらいいでしょうか。

ピューリタンは、宗教の堕落から逃れ、宗教の自由を求めて、アメリカ大陸に渡っていきました。彼らが求めた宗教の自由とは、宗教の原理主義のことです。彼らは、より厳格に教義が適用される理想の社会を求めて、祖国を捨て、はるばる海を渡りました。

私たち日本人は、「宗教の自由を求めて」と聞くと、あたかも宗教的な束縛から逃れようとしたかのような誤ったニュアンスを抱きがちです。ところが、彼らが求めた自由とは、世俗を離れることであり、厳格な教義にもとづいた社会秩序の維持です。だからこそ、王侯政治や身分社会という人治主義がはびこる祖国を捨て、大挙して何もない新大陸に移り住んだのです。

そうやってできあがった国の考え方が、アメリカの民主主義であり、自由主義です。いっぽうで世界に「人権」を説き、いっぽうで産婦人科医を撃ち殺す。あるいは、いっぽうで世界一大量の核兵器を保有し、いっぽうで核兵器を捨てることが世界のためだと説く。私たちから見れば、非常にアンビバレントな理屈であっても、彼らの思考の中ではすべて整合性がとれており、おかしなところは何もありません。

アメリカに住むユダヤ人の特質も、こうした文脈のなかで考えれば、より理解しやすいのではないでしょうか。

もちろん、彼らがアメリカに渡ったのは、ナチスドイツの迫害から逃れるという最大の理由があったかもしれません。ただし、同時に、そこに根を下ろし、ユダヤ社会の本丸ともいえる一大橋頭堡《きょうとうほ》を建設したのは、彼らの目に、アメリカが宗教原理主義の国であり、「宗教の自由」を追求することのできる住みやすい国に映ったことが、見逃せないポイントではないでしょうか。

エノラゲイに乗っていた13人目の意外な人物

このように原理主義的傾向が強いアメリカにおいて、霊やスピリチュアル現象を題材にした文物がおおっぴらに流布されている点について、私は、かねてから政治的な意図が働いていると考えてきました。

もちろん、とある高官とメディア界の大ボスが、ホワイトハウスの一室で、「世の中をこう導くためにこういうことを画策しよう」と話し合った密室協議の証拠テープがあるわけではありません。しかしながら、歴史の転換点の節目節目で、間違いなく謀議があったに違いないと感じさせる証言や資料が、断片的に散らばっていることもまた事実です。

本書のテーマはアメリカ論ではないため、いちいち例を挙げることはしませんが、最近、偶然にも私が知ることになった、ある重大な事例については、ここに特筆しておかなければなりません。

それは、**エノラゲイについての新事実**です。

ご存じのように、エノラゲイは、1945年8月6日に広島に原爆を投下したB29型長距離爆撃機の機名です。

エノラゲイは当時、テニアンにあった米軍基地を飛び立ち、広島上空に飛来、通称リトルボーイと呼ばれた小型原子爆弾を投下しました。テニアンとは、サイパンに隣接する太平洋の小島です。投下時の乗員は、ポール・ティベッツ機長を含む12人というのがこれまでの公式発表であり、さまざまな書物にもそう記されてきました。

ところが、2009年夏のことですが、ある人物が「エノラゲイには13人目が乗っていた」ことを明らかにします。その人物とは、当時、国連総会議長の要職にあった、ニカラグアのデスコトさんです。

彼は国連総会議長の任期満了、退任を控え、日本であいさつを行ったさいに、「日本人に謝りたい」として、この重大な内容にふれました。そして、

「エノラゲイには12人乗っていたといわれていますが、もう1人乗っていました。13人目、それはカトリックの神父でした」

と語り始めたのです。

私は関係者に招かれたのですが、会場には、各国大使クラスの人物や日本の外務省の官僚の姿が

エノラゲイの乗員たち（中央がティベッツ大佐）

ありました。

この彼の発言に重みがあるのは、いっぽうでデスコトさんがカトリックの幹部神父でもあるからです。つまり、彼は、原爆の投下をとめることができなかったキリスト教会の一員として申し訳なかった、と謝ったのです。

これは、公式記録を覆す、驚愕《きょうがく》の内容です。

実はエノラゲイの出撃直前に、数葉の記念写真が撮られています。エノラゲイをバックに撮った乗員たちの集合写真がいくつか公開されており、そのなかの1枚に神父の姿をした人物が写っているものがあります。

この神父は、乗員たちに祝福を与えたということが伝えられています。原爆投下のボタンを押し、大量殺戮《さつりく》を行う乗員たちの迷いと葛藤を鎮めるために、神父は神の祝福を唱えました。

いまでもイラクやアフガニスタンの米軍には、たいへんな数の従軍牧師がついています。そして、兵士たちは休憩のたびに戦車の周りに集まって、牧師とともに祈りを捧げています。そうしなければ、彼らは、殺し殺される極限状況に耐えられません。

現代の戦争は空爆が主体ですが、興味深いことに、戦果を確認するテレビモニターはいまだに白黒です。なにも戦費節約のためにカラーモニターにしないのではありません。**カラーモニターにしてしまうと、人を殺したという手応えが強すぎるため、臨場感が下がるようにわざと白黒のままにしてあるのです。**

たとえ大義をかざした戦争であっても、ことほどさように兵士たちには、人殺しに対する強烈な逡巡《しゅんじゅん》が働くということです。

第二次世界大戦に臨むアメリカ兵においても、それはたいへんなストレスだったに違いありません。原爆の恐ろしさがよくわかっていなかったとしても、それを投下すれば一瞬のうちに何万人もの命を奪うことは、エノラゲイの乗員にもわかっていました。そんなことをすれば、天罰が下り地獄に落ちると、極度の恐怖心を抱かないはずがありません。

だからこそ、神父が同乗したのです。

「**大丈夫、きみは天国にいける。神も祝福してくださる**」

おそらく最後の最後に、機長がその言葉を聞きながら投下ボタンを押したのではないかという推測が、十分に成り立ちます。

キリスト教徒以外の人間は「人間」ではない!?

エノラゲイに13人目の乗員がおり、それが神父だった。

このことが導く結論は、政治による宗教利用という厳然たる事実でしょう。政治が、宗教の力で、投下ボタンを押させたということです。

その点に踏み込む前に、戦争というものについて、私の考えを述べましょう。

私は、人間がこれまで経験してきたあらゆる戦争はその本質を見極めれば、すべて宗教が利用されていると考えています。裏にあるのは経済かもしれませんが、必ず宗教的論理が中心にあります。古くは十字軍による遠征から、新しくはイラク戦争にいたるまで、その根底には宗教的な覇権争いが横たわっています。

イスラエルとパレスチナの争いのように争いの構図が理解しやすければ、誰の目にもそう映ることでしょうが、第二次世界大戦における日米戦争となると、異論があるかもしれません。

実は、宗教戦争は、日本人にはなかなか理解することが難しいテーマです。なぜなら、万物に神が宿るという思想を持つ日本人は、ひとつの神に純粋化しようとする求心力がいかに強いかという点に、いまひとつ理解が及ばないからです。

当然のことですが、第二次世界大戦においても、日本は宗教的対立を理由に戦争を起こしたわけではないし、日本人にキリスト教憎しという感情があったわけでもありません。

しかし、**当時のアメリカから見れば、日本はキリスト教国でないという理由においても、やっつけるべき対象なのです。**

そもそも一神教は、いずれもそうであるように、唯一の神のもとに世界を純粋化する方向に常に力が働いています。世界を純粋化しようとする力が、宗教的な求心力を維持、強化する源泉になっているわけです。

逆に言えば、ひとたび世界を唯一の神のもとに純粋化しようとする力が失われれば、宗教としての力を失ってしまいます。たちまち逆回転が始まり、キリスト教も、ユダヤ教も、イスラム教も、求心力を失って解体せざるをえなくなるでしょう。もしそんなことが起これば、一神教によって成り立っている諸国は、衰退の憂き目に遭うに違いありません。

一神教において、純粋化の求心力は、自分たちだけが人間だという強烈な思考となって表れるのがつねです。

たとえば、奴隷貿易の成り立ちについて、次のような歴史的事実があります。

1600年にインドに渡り、肌の黒いインド人を見たヨーロッパの貿易商が、同行した神父に、「**この肌の黒い人は人間ですか?**」と尋ねました。バチカンには、その記録が残っているそうです。このときの貿易商が、有名な東インド会社*の人物たちです。

そのとき、神父はその場で答えを出さずに、バチカンに質問状を送ります。すると、しばらくしてバチカンから、「**人間ではない**」と記された返書が送られてきます。それは、「**インド人はキリスト教徒ではない**」という理由によるものです。

ヨーロッパ人が奴隷狩りのためにアフリカに渡ったときにも、同じ手続きが行われ

*東インド会社 17世紀初頭に隆盛した独占的特許会社。アジア地域との貿易独占権を与えられた。イギリス・オランダ・フランス・デンマーク・スウェーデンが設立。香料、香辛料などの輸入のほか、奴隷貿易や植民地経営にも深く関与した。

ました。貿易商から尋ねられた神父はバチカンの判断を仰ぎ、やはり「人間ではない」との回答をえています。

このような記録の断片は、現代にいたるまで残っています。

貿易商たちは、バチカンが彼らを人間と認めないという正式回答を待って、現地の人間を奴隷という貿易品目に仕分けしました。ご存じかもしれませんが、東インド会社が行った最大の取扱品目は、奴隷貿易だったのです。

こうしてバチカンが「人間ではない」と認定するたびに、ヨーロッパ人の海外進出先で奴隷が生まれていきました。キリスト教徒以外は人間ではなく奴隷だ、という当時のバチカンの判断が、ヨーロッパに莫大な富をもたらすのです。宗教と侵略はワンセットのパッケージである、とされる理由がこれです。

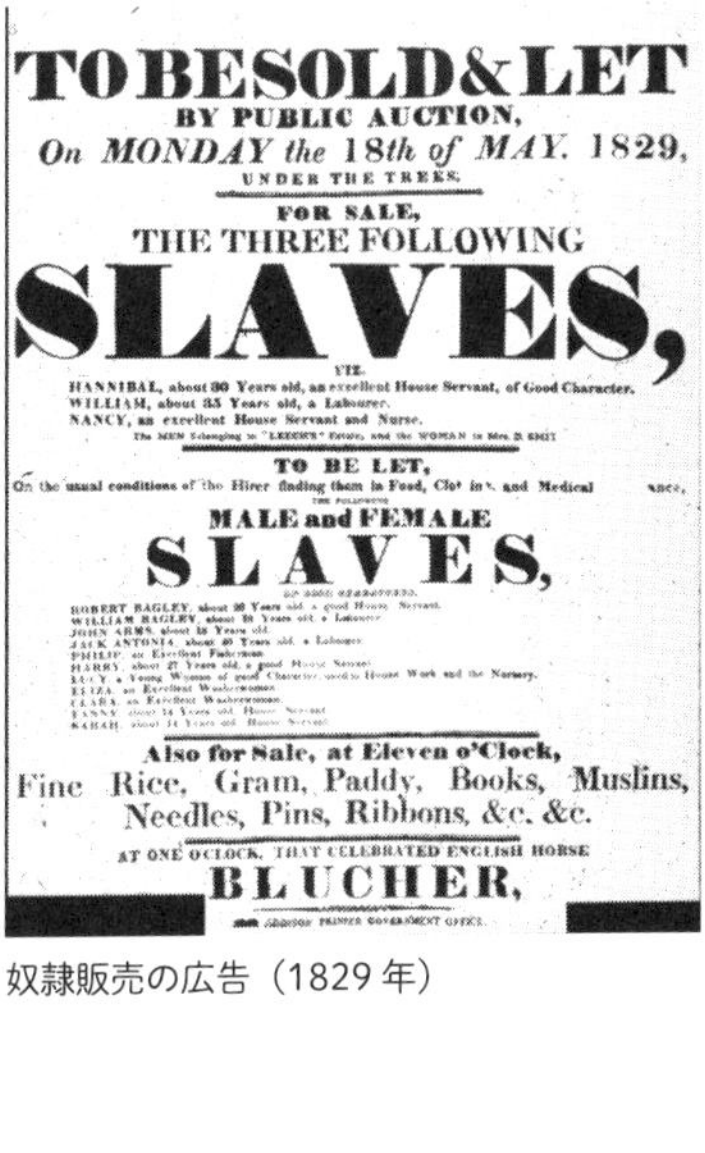

奴隷販売の広告（1829 年）

このとき、「侵略」を「戦争」という言葉に置き換えてみると、私があらゆる戦争は宗教戦争であると考える理由が、少しはわかっていただけるのではないでしょうか。

アメリカがナチスドイツに原爆を落とさなかった理由

アメリカ人がそれを公言したわけではないでしょうが、**第二次世界大戦の時代においても、キリスト教徒以外は人間ではないという思想は生きていたでしょうし、いまも生きつづけていることでしょう。**

だからこそ、昭和20年、米軍は日本全土を絨毯《じゅうたん》爆撃した揚げ句、まるで死体にとどめの銃弾を撃ち込むようにして、広島、長崎に原爆を落としました。これが、アメリカの大量殺戮実験に日本がモルモットとして使われた、といわれる理由です。

かりに日本を大量殺戮兵器の人体実験場として利用したことが証明されるとしたら、それはアメリカ人が日本人を人間として見ていなかった、ということです。

実際、アメリカは、ナチスドイツには原爆を落としませんでした。ドイツはキリスト教国であり、人間であるキリスト教徒に対して原爆を落とすような酷《ひど》いことはできなかった、ということではないでしょうか。

現代においても、アメリカはイラク戦争やアフガニスタン戦争で、ある意味で原爆に劣らない大量殺戮兵器を使用していますが、それが許されるという論理の奥底には、キリスト教徒以外は人間ではないという思想が流れていると見なくてはならないでしょう。

東インド会社の時代には、宗教の権威は現代よりもはるかに強く、人々はそれを畏怖していました。そのため、金儲けを目的に宗教を利用してやろうと、不心得なことを考える人間もいなかったに違いありません。もしもバチカンが「ノー」といえば、貿易商たちは、その判断を最大限に尊重したでしょう。

現代ではどうでしょうか。

先のエノラゲイの話に立ち戻れば、13人目の乗員はカトリックの神父でした。

調べてみると、公式に乗員とされている12人はみなカトリックであり、プロテスタントは一人もいません。それもそのはずで、**プロテスタントは支配層の宗派です。戦争の最前線に立たなければならないような庶民は、たいていはみなカトリックです。**

アメリカの支配層は、ご存じのように、**WASP**《ワスプ》と呼ばれる人々です。それは、白人（White）であり、アングロサクソン人（Anglo-Saxons）であり、プロテスタント（Protestant）であるという3条件の頭文字からきています。

アングロサクソン人というのは、5世紀ごろに現在のドイツ北岸やデンマーク南部からイギリスに渡ってきたゲルマン系の人種のことです。彼らは、先住のケルト系民族を支配し、いくつかの小王国を築いてイギリスに君臨するようになります。ちなみに、彼らが使う言葉が、英語の基礎になりました。

アングロサクソン人は、社会学者マックス・ウェーバーの古典的名著『プロテスタンティズムの倫理と資本主義の精神』を引き合いに出すまでもなく、**資本主義を成功に導いた中心勢力**ということができます。WASPが支配するアメリカによって、現代のグローバル資本主義がもたらされたことを考えれば、その流れがいまだにつづいていることがわかります。

ケネディ大統領とキング牧師が暗殺された理由

もちろん、現代のアメリカに純血のアングロサクソン人はいない、といわれています。しかし、アングロサクソン人の先祖を持ち、白人であり、プロテスタントであることは、支配層のインナーサークル参加要件であると、彼らはいまだに信じて疑いません。

最近でこそ、黒人のバラク・オバマ氏が大統領に就任したり、シティグループのCEO（最高経営責任者）にインド人が就任したり、支配層につくにはWASPでなければならないとする風潮は緩くなったかのように見えます。かといって、それをもってWASPの支配が崩れ始めたと考えるのは早計です。

たとえば、前任の大統領、かのジョージ・ブッシュはイギリス王室の遠縁に当たる、それこそ正統派のWASPでした。彼は大多数のアメリカ人の目から見ても、おかしな戦争に突き進み、失態をくり返し、結局は金融危機を招きました。にもかかわらず、金融危機の克服しかり、アフガニスタン撤退問題しかり、史上最悪の後始末をオバマに託し、大統領経験者として悠々自適の人生のつづきを楽しんでいます。

その意味では、カトリックだったジョン・F・ケネディ*がもしプロテスタントであったなら、暗殺されることはなかったでしょう。プロテスタントだったマーティン・ルーサー・キング牧師*にしても、黒人でなかったら、殺されることはなかったに違いありません。

まして第二次世界大戦当時、WASPは絶大な権力を握っていました。

そのとき、誇り高きプロテスタントたちが、原爆投下で自分たちの手を汚したくないと考えたとしても不思議はありません。

いかに日本人が黄色いサルだとしても、それを大量殺戮したとなれば、「血も涙もない」「ナチスと同じだ」と糾弾され、彼らが握る権力に重大な欠陥が生じることになります。

とすれば、彼らが、同じキリスト教国に向かって用意した言い訳を、おぼろげながらも推察できるように思います。つまり、

*ジョン・F・ケネディ John Fitzgerald Kennedy（1917－1963）第35代アメリカ合衆国大統領。カトリック教徒、アイルランド系アメリカ人として初の大統領。在任中の1963年11月22日にテキサス州ダラスで暗殺された。

*マーティン・ルーサー・キング牧師 Martin Luther King, Jr.（1929－1968）アメリカのプロテスタントバプテスト派の黒人牧師。アフリカ系アメリカ人の公民権運動の指導者として活躍。1964年ノーベル平和賞受賞。1968年4月4日に暗殺される。

「カトリックのせいにすればいい」

ということです。

大量殺戮の汚名を、WASPである国の指導層から、最前線で戦うカトリック兵士に、そうっと付け替えたのです。まるで、ブッシュがオバマにツケを回したのと同じように。

そして、アメリカ政府は、「戦争を早期に終結させるためには原爆を使う以外に方法がなかった」という原爆投下の理由を、世界中の無知な人々に信じ込ませました。

石油も、鉄も、マンパワーも底を突き、人間魚雷や神風特攻に頼るしか攻撃手段がなくなった国に対して、このような投下理由が説得力を持つとは思えませんが、いまでは世界中の人々が、とりわけ当事者である日本人が、そう思い込まされています。

正統派WASPの大統領
ジョージ・W・ブッシュ

さらに、日本に対しては「日本人が戦争という罪をおかしたから、原爆を落とされたのだ」という罪の意識を植えつけました。

ご存じのように、広島の原爆死没者慰霊碑には、次のような文言が刻まれています。

広島平和記念公園内の原爆死没者慰霊碑

〈安らかに眠って下さい　過ちは繰返しませぬから〉

この文言は、「過ち」とは何か、誰が行った「過ち」なのかという2点で、いまだに論争の的にされています。

実は、私たち日本人が抱く「原爆を落とされた」という思考法ほどおかしなものはありません。なぜなら、「落とされた」というと、何とはなしに、人智を超えた超越的なパワーによって、日本人が罰を受けたかのような印象を受けます。それは、エノラゲイに神父が乗り込み、神の怒りとして原爆を落としたというイメージと奇妙に符合します。

そして、日本人に「原爆を落とされた」という思考が深く浸透するにつれて、どういうわけか私たちに、第二次世界大戦を起こした罪の意識が刷り込まれていくのです。

しかし、事実はそうではありません。原爆は、日本が「落とされた」のではなく、当時のアメリカ大統領が「落とした」のです。

このように考えていくと、国連総会議長のデスコトさんの謝罪の言葉も、腑に落ちてきます。

彼は、スピーチのなかで、エノラゲイ13人目の乗員を「アメリカカトリック教会の神父」と強調していました。その強調のなかに、私は、当時のバチカンが原爆投下に必ずしも同調していたわけではないというニュアンスを感じました。

彼の言葉によると、アメリカカトリック教会の神父がエノラゲイに乗機していたのは、機長や乗組員が原爆投下を恐れずに実行できるようにという配慮だったといいます。言ってみれば、アメリカで死刑執行の場に神父や牧師が立ち会うのと同様の論理だったということでしょう。

私は、この日のことを、次のように苫米地ブログにアップしました。

《私は、このような判断をしたローマ教会を高く評価する。また、それを日本で、各国からの大使（もちろん日本からも外務省の幹部が出席していた）列席の場で公にしたことは、大変意義のあることだと思う。もちろん、死刑の場に神父が同席するように、神父がエノラゲイに乗機し原爆投下に立ち会うという判断をした当時のアメリカカトリック教会の考え方は、理解可能だし、また、たとえ神父が乗機していなかったとしても、原爆投下は免れなかっただろう。》

この事実は、国連総会議長だからこそ、また、ご自身がカトリック教会の幹部神父だからこそ、64年たったいま、明かすことができたということでしょう。もちろん、バチカンのお墨付きがあったに違いありません。

宗教現象が人々を人殺しに駆り立てる

さて、「戦争とは何か？」といえば「人殺し」です。

本来人間には、進化の過程で人を殺すことが好きな遺伝子は淘汰《とうた》されて残っていません。それが残っていたとしたら、人類は殺し合いをつづけた揚げ句、はるか昔に滅亡していました。そもそも種は、殺すのも殺されるのも嫌だ、という情報が組み込まれているからこそ、すべての種が保存されているわけです。

興味深いのは、人間の遺伝子には自分たち以外の種についても殺すのは嫌だという情報が組み込まれている点です。動物の遺伝子は自らの種以外を捕食のために殺すことをよしとしますが、人間の遺伝子は、そうではありません。

もちろん、私たちだって肉や魚を獲《と》って食べます。しかし、人間は自分たちの生命が他の生き物の殺戮の上に成り立っていることに根源的な恐れを感じます。

たとえば、日本では牛や馬を食べる習慣のあった地方に、牛供養や馬供養のための観音像や碑がいくつも散在しています。

また、縄文時代の貝塚が儀式や祭祀の場でもあったという事実があります。一般に、貝塚は古代のゴミ捨て場であるかのような印象がもたれています。もちろん、そうした機能があったにせよ、貝塚周辺から儀式のための盛り土の跡や墓地が発見されている例が多く、生命に対する供養の意味合いが大きかったと考えられているわけです。

人間は、このような生命の連鎖に対しても一種の信仰心を抱くわけですが、そのいっぽうで、人間は同じ種を殺すことができる唯一の種といえます。戦争や人殺しのニュースに日常的に接している現代人にとっては、当たり前のように聞こえるかもしれませんが、生物学的な視点に立って考えるとき、これは非常に奇異なことに映ります。

ご存じのように、動物は同じ種族を殺すようなことはありません。

同一種族間の縄張り争いや群れ内部の権力闘争においても、対立相手をやっつけることはありますが、決してとどめを刺したりはしないのです。これ以上やればどちらかいっぽうが命を落とすという前に、必ず争いは決着します。もちろん、勝ったからといって、勝者が見せしめに敗者の命を奪うようなこともありません。

ところが、人間はこうした点で大いに異なっています。

たとえば、最近の殺人事件のなかに、交際相手をとられた男性が、相手の男性を殺すというのがありました。「このやろう、俺《おれ》の女をとりやがって」というわけです。

交際相手をとられたという男性の情動の裏側には、とることは悪いことである、悪いことをした人間は死に値する、という価値観が存在しています。なぜかというと、女は自分の所有物だと無意識のうちに考えているからです。こうした価値観は、儒教がもとになっています。

脳幹レベルの情報処理では殺すのも殺されるのも嫌であるにもかかわらず、人間はその一線を越える論理をつくり、実際に越えてしまいます。

また、暴力団が、１年に１人くらい殺しておかないとなめられるから人殺しをする、という論理も同じです。

彼らの遺伝子のなかにも「殺すのは嫌だ」という情報は埋め込まれています。ところが、それでは他人が自分たちの言うことに従わなくなる、だからたまには人を殺しておこう、という論理が働くわけです。このような細い論理で人殺しをする点が、暴力団の価値観を先鋭なもののように飾り、その論理をより強固にしていくわけです。

人殺しを正当化する点では、裁判による死刑制度も同じです。

賛否はさておいて、一般に、死刑制度は凶悪犯罪の抑止力になる、と考えられています。しかし、実際に死刑判決を受けた犯罪者が、犯行前に死刑を恐れて逡巡したかといえば、そういうケースはほとんど皆無というのが実態です。人殺しをする人たちは、自分が妄信する価値観にしたがい、「何が何でも、殺してやる」と考えて実行するのです。

死刑に反対する人々のほとんどは、抑止力としての死刑制度の効果を根本から疑問に感じています。死刑を恐ろしいと思うごくふつうの人々は、「殺すのも殺されるのも嫌だ」という脳幹レベルの情報によって、もともと禁忌を踏み越えることができません。とすれば、死刑によって抑止力を持たせなければならない意味は、はじめからないわけです。

日本で死刑が執行されるときは、法務大臣が執行のゴーサインを出します。死刑が執行されるたびに、法律を司《つかさど》る日本人の代表者が「理由があれば人を殺してもいいのだ」と、国民に言い聞かせているようなものです。

そのたびに、「罰として殺してしまえ」という論理が社会的に強化され、人殺しを正当化する価値観が蔓延していくわけです。

もちろん、犯罪被害者の遺族の方々の気持ちは大切にしなければなりません。しかし、犯罪被害からのしっかりした救済制度と、刑期減免のない終身懲役刑をきちんと整備さえすれば、死刑制度の廃止は可能なはずです。

実は、宗教とは、何々教という実体を持つものばかりとはかぎりません。「悪い奴《やつ》は死に値する。だから殺せ」、あるいは「なめやがったから、殺せ」という、**人間に本来、禁忌として埋め込まれている一線を越えさせる論理を持つものは、そのすべてが宗教といわなくてはなりません。**

なぜなら、その価値観は、人間が盲目的に信じる対象になっており、かつ本来、備わっている「殺すのは嫌だ」という情報を覆してしまうほど強烈な幻想を、人間にもたらすからです。

つまり、交際相手をとった相手を殺すのは「俺の女をとりやがって教」、暴力団は「なめると殺しますよ教」、そしてまた司法制度も「殺したら殺しますよ教」という宗教現象です。

こうした広い意味における宗教現象が人を突き動かさないかぎり、人間は人殺しができないようになっているのです。

「お国のため」という宗教に隠されたビジネスの原理

さて、政治による宗教利用の話に戻りましょう。

人殺しの論理を国家単位で展開し、遂行するのが戦争です。

戦争は主権国家の外交権の一部というのが国際法上の位置づけであり、それは主権国家の重要な権利とされています。国際紛争は、当事国同士が外交的な協議によって解決の努力を行い、それでも解決できないときは戦争を起こしてもいい、ということです。

一般に流布するこのような常識が、すでに危険な価値観だといわなくてはなりません。

第二次世界大戦を戦った日本人は、「お国のために戦う」といいました。

アメリカも同じです。アメリカ軍人はみな「アメリカのために戦う」といいます。ベトナム戦争は、ソビエト共産主義勢力の南下を阻止し、アメリカの国益を守るため。イラク戦争は、原油のユーロ決済を始めるといったフセイン大統領を抹殺し、アメリカの石油利権を守るため。アフガニスタン戦争は、同時多発テロの首謀者勢力を抹殺し、テロの脅威からアメリカを守るためです。

「アメリカのため」あるいは「お国のため」という、生活感の乏しい、天高く舞い上がった理念を少しずつ噛み砕き、地上1メートル70センチ程度の人間目線にまで引きおろしていくと、人間同士の単なる利害の対立に還元されることがわかります。

利害の対立とは、一言でいえば、ビジネスです。

それがあからさまにならないように、彼らは、組織的に宗教を利用します。原爆を投下された国がその後、長期的にどのような問題を抱え、社会的にどのような影響が出るかをはかる実験を行いたいがために、日本人はキリスト教徒でないイエローモンキーだと喧伝し、投下のさいにはカトリックの神父を利用するという手法です。

そして、当時のアメリカの本音はといえば、「俺の利権に手を出しやがって教」であり、「お前らなんか、大量破壊兵器で殺すぞ教」ということです。

このように考えていくと、当時すでに、宗教で抑制することができないほど、政治の力が強くなっていたことがわかります。

デスコトさんがなぜ、いまになって13人目の乗員を明かしたかという理由を推測すれば、私は、それがバチカンの歯ぎしりではなかったかという気がします。当時のアメリカは、たとえバチカンが「ノー」を突きつけたとしても、原爆投下を遂行してしまうだけの強大なパワーを持っていたということではないでしょうか。

バチカンは、いつの間にかすっかり政治の尻に敷かれてしまったわが身を振り返って、歯ぎしりをしているのです。

政治利用され続ける「宗教」を救うことはできるのか？

ところで、人々に人殺しの一線を越えさせる論理は、狭義の宗教だけではありません。

たとえば、自由と正義という価値観を振りかざし、イラクやアフガニスタンで戦争を遂行するアメリカは「アメリカ教」といえますし、唯一の経済原理である資本主義に従わない国は滅ぼしてしまえと考える人たちは「資本主義教」であるということになるでしょう。

世界中の人々が、正義と自由や、資本主義を守ろうとする勢力によって、それが唯一の価値であると信じ込むように洗脳を受けています。

もちろん、その意味では、一昔前のマルクス・レーニン主義もマルクス・レーニン教であったし、今後は、われこそが世界の中心であるとする中華思想の中国教も、台頭してくるに違いありません。

結局は、そうした国家的な宗教現象の裏で利益のぶんどり合戦が行われ、その手段として広義の宗教が利用され、戦争が遂行されていきます。

戦争はいつも、この世にはひとつの価値観しかないと人々を洗脳することによって行われます。これが、すべての戦争が宗教戦争だと私がいう理由です。しかし、それは政治が主導するものであり、利用される側の宗教には、もはや戦争を起こす力も止める力もありません。

実は、聖職者や宗教家には、大それた悪人はいません。

なぜなら、宗教のサイドに立つ人間は、あの世のことにもっぱらの関心を寄せているからです。もちろん宗教者のふりをしたビジネスマン、政治家やテロリストは例外です。

本物の宗教者であれば、世俗のことにはたいして興味を持っていません。

それに対して、世俗の権力者や支配者のなかには、とてつもない極悪人がいるものです。彼らは自分たちの利益のためなら大量殺戮も平気で実行に移します。極悪人は、世俗にすさまじい執念を持つからこそ、とてつもない悪事のビジョンを描くし、それを実行に移すこともできるのです。

宗教がこれほどの不遇をかこつ原因はいろいろと考えられるでしょうが、状況はこの先もよくなりそうにありません。なぜなら、この21世紀に、宗教は決定的な致命傷を抱えるようになったからです。

政治と宗教の問題はひとまずここで区切りをつけ、次章では、宗教の致命傷について考察を進めていくことにしましょう。

第3章

はたして「神」は存在するのか？

神は本当に存在しないか？

脳が生み出す幻覚の世界は、私たちがふだん物理空間に対して感じているものと同じ臨場感を持っています。

その理由は、すでに指摘したように、脳がいい加減な情報処理器官であるという一言に尽きます。情報処理のミスによって起きたに過ぎない現象を、いくらでもリアルに感じてしまうのが、脳のカラクリなのです。

そのため人間は、ストーリーさえ上手にできあがっていれば、リアルな神秘をいくらでも体験することができます。現実にはありえないことでも、脳はそれが現実であるという情報をつくってしまうわけです。

このことを手がかりに、この章では「神は存在しない」というテーマに踏み込むことにしましょう。

物理情報と非物理情報が人間に同じ臨場感をもたらすことの真偽を、徹底的に解明したのは認知科学でした。

実は、東洋世界でのバラモン教*の伝統と釈迦の伝統の差は、たったひとつしかありません。それは、

アートマン*（自我）が実在するのかしないのか

という点のみです。

バラモン教も、それに連なるタオも、道教も、儒教も、釈迦を除くすべての東洋思想では、アートマンだけはどうしても実在するとされてきました。

いっぽう、釈迦は、東洋思想において、最もラディカルな考えを展開しました。なぜなら彼は、アートマンさえ空《くう》だというところに考えを推し進めたからです。

東洋思想が興味深いのは、アートマンをめぐる違いはあれ、そもそも宇宙とは情報空間であるという大前提に立って深耕された思想という点です。その意味で、認知科学は東洋思想に、ほとんど違和感なく受け入れられるものだと思います。

これに対し、**西洋世界の伝統では、物理空間は物理という現実であり、いっぽうの**

＊バラモン教　古代のヒンドゥー教。バラモンとは司祭階級のこと。祭祀を通じて神々と関わる特別な権限を持ち、宇宙の根本原理ブラフマンに近い存在とされる。

＊アートマン　元来「呼吸」を意味したが、転じて自我・霊魂を意味するようになったインド哲学用語。

情報空間は心が生み出す非現実である、という二元論が支配してきました。つまり、長い間、リアルな物理空間としての宇宙という概念から、西洋思想は抜けきれなかったのです。

ところが、1980年代になって、科学のパラダイムが大きく転換し、物理学では量子力学が成功し、数学では不完全性定理が数学全般にわたって証明され、哲学はポスト構造主義に移行し、論理学は単調論理から非単調論理に変わっていきます。このことによって西洋世界は、この二元論からようやく抜け出していくのです。

同時に、認知科学が発展していきます。

認知科学は、情報処理の観点から人間の知的システムを解明しようとする、心理学、言語学、神経科学、人工知能などの学際分野の科学です。認知科学がエポック・メーキングな学問領域とされたのは、人間の認識とは何かという問題に、ある重大な変更をもたらしたからです。

それを一言でいえば、人間が抱くリアリティの定義を変えたという点でしょう。認知科学以前と認知科学以降では、リアリティの意味が180度覆っているのです。

認知科学が変えた「リアリティ」の定義

現実というとき、目に見えるもの、手で触れられるもの、舌で味わえるものなど、私たちはいまだにそれを五感にもとづいた物理空間の情報であると考えています。

ところが、**認知科学の発達は、いとも簡単にこうした常識を打ち破ります。**

代表的な例は、**脳コンピュータ・インターフェース**でしょう。これは、脳に電極を埋め込んで、コンピュータとの間で情報のやりとりをする仕組みです。

この技術が生まれたことによって、人間の意志をコンピュータを介して機械に直接伝えることができるようになりました。

たとえば両腕を失った人が、脳コンピュータ・インターフェースを使うことで、ロボットアームを操作する実験が行われ、成功しています。コンピュータにコマンドを打ち込んで機械を操作するのではなく、脳がこうしようと意識するだけでロボットアームは自由自在に動きます。

サイボーグを生み出す技術として世間の耳目を集めた脳コンピュータ・インターフェース技術ですが、これは、**脳からコンピュータへの情報伝達だけでなく、コンピュータから脳への情報伝達が成り立つことをも示しています。**

つまり、コンピュータから送られた情報をもとに、脳にリアルな世界を構築させるということです。

もちろん、人道上、インターフェースを使ってコンピュータの情報を人間に伝達する実験がおおっぴらに行われているわけではありません。しかし、マウスやラットを使った実験が行われ、すでに大きな成果をあげています。

映画『マトリックス』*は、このような脳コンピュータ・インターフェース技術の成果の上にストーリーを成り立たせた作品です。そこには、脳幹にさしたインターフェースが、指先や目から入ってくる電気的、化学的な神経情報に代わるすべての情報をつくって脳に渡すという、実際の技術モデルが使われているということです。

このように、目や指からの情報ではなく、あたかもそうであるかのような情報を外部コンピュータが生成して脳に渡せば、そうしてつくられた世界がその人の目の前の

*『マトリックス』1999年に公開されたアメリカのSF映画。以降に発表されたシリーズの名称。1999年のアカデミー賞で視覚効果賞、編集賞、音響賞、音響編集賞を受賞。主演キアヌ・リーブス。

現実世界になります。

このことからわかるように、**認知科学以降でいう現実とは、物理空間の情報のみが生み出すものではありません。情報空間の情報によって生み出された世界も、同じ現実であるということです。**

認知科学においては、現実世界やリアリティの定義はきわめて単純です。それは、**いま本人にとって臨場感のある世界がリアリティである**、ということなのです。

また、脳幹的な意味でいえば、現在ホメオスタシス*を築いている対象をリアリティとします。したがって、映画を観て手に汗を握っているときは、映画の世界がその人にとっての現実世界になります。同様に、ラジオに聴き入っているときはラジオが流している世界が、夢中で本を読んでいるときはそこに展開される世界が、現実世界になるわけです。

認知科学は、前に述べたストーリーさえ上手《うま》くできあがっていればいくらでもリアルな神秘体験ができるということを、まさしく証明した学問領域といえるでしょう。

＊ホメオスタシス　生体恒常性と訳される。生物有機体が常に内部環境を生理学的に一定の状態を維持しようとする傾向にあることを示す概念。

ヴェルナー・ハイゼンベルクの不確定性原理

１９８０年代に科学のパラダイム転換が起こり、同時に認知科学が爆発的に発達した背景には、物理学における不確定性原理と数学における不完全性定理という２つの画期的な大発見がありました。

神の存在を語る上で、この２つの発見は非常に重大です。

不確定性原理とは、ヴェルナー・ハイゼンベルク*が１９２７年に提唱した原理で、量子力学の中心原理のひとつです。そのため彼は、量子力学の父と呼ばれています。

事の起こりは、ハイゼンベルクらが電子の位置を測ろうとしたことです。

理論的にはもっと小さな物質があると考えられていましたが、当時、存在が証明された物質の中で、電子は最も小さいものでした。

電子の位置を測定するためには、光を当てるしかありません。光の波長を短くし、電子のサイズよりも小さなものにすれば、その反射によって位置がわかると考えたわ

*ヴェルナー・ハイゼンベルク Werner Karl Heisenberg（１９０１−１９７６）ドイツの理論物理学者。行列力学と不確定性原理によって量子力学の確立に大きく寄与した。１９３２年ノーベル物理学賞受賞。

けです。

ところが、光の波長を短くすればするほど、そのエネルギー量は上がっていきます。波長の短い光は高エネルギーなのです。そのため、光を当てたとたんに、電子はそのエネルギーによって一瞬のうちにどこかに吹き飛ばされてしまうわけです。

つまり、どこにあるか知ろうとするとどこにあるかわからない。

これが不確定性原理の発端になりました。

たとえば、次に示す有名な公式があります。

$\Delta l \times \Delta v > h$

Δlというのは位置の分布のこと。Δvは運動の分布であり、運動は方向と速度でベロシティーといいます。それが、プランク定数hよりも大きい、という不等式です。プランク定数とは、量子力学の創始者の１人、マックス・プランクが提案した物理定数です。

現在では、プランク定数の値がわかっており、およそ6・62606896×10のマイナス34乗メートルです。10のマイナス34乗というと、1兆×1兆×10億分の1メートルくらいです。ピンとはこないでしょうが、ものすごく小さな値だということだけはわかると思います。

この不等式がすごいのは、2つのものをかけて、絶対にゼロにはならない、というところです。つまり、位置の分布Δlと運動の分布Δvをかけてゼロにならないとは、位置と運動を同時に知ることはできない、ということを表しています。

これがボーアとハイゼンベルクの最初の不確定性原理です。

実際、不確定性原理を証明するために、さまざまな実験が行われました。

有名なのは**二重スリット実験**でしょう。

これは、電子が当たると光るスクリーンの前に二重のスリットが開いた板を置き、電子銃でスクリーンに向けて電子をひとつ発射します。すると、スクリーンには、明暗の縞《しま》模様ができるのです。1個の電子しか飛ばしていないのに、2つの波が重なったときにできる干渉縞が現れたのですから、学者たちは腰を抜かします。

「不確定性は比喩《ひゆ》じゃない。この世というのは、そういうところだったんだ」

つまり、存在というものは、確率的な存在でしかないということです。

そして、二重スリット実験以来、不確定性は机上理論の話ではなく、実際の物理現象として起きていると理解されるようになるわけです。

私がよく言うことのひとつに、小学校の理科の実験で不確定性原理を教えなさい、というのがあります。ビーカーのお湯の温度を測りなさいと言って、そこに温度計を入れる。そのときに、よい小学生は「先生、不確定性により計測不能です」と言わなくてはいけないはずなのです。お湯の温度と温度計の温度は違うため、それをビーカーに入れればお湯の温度が変わるに決まっています。

すべての計測は、計測結果に必ず影響を与えるというのが、不確定性原理のひとつの古典的な説明です。

生徒がそう言わないなら、先生が「本当は不確定性原理で計測不能なのですが、近似的な値を測りましょうね」と言えばいいのです。

なぜかというと、**子どもに計測可能だと教えることは、この世に正しいひとつのモ**

ノサシがあると洗脳することと同じです。逆に、量子論は、この世にひとつしかない正しいモノサシは存在しえない、ということを教えているのです。

この世に正しいひとつのモノサシは存在しないとわかれば、その子どもたちは長じて、戦争の論理を否定するに違いありません。

なぜなら、**キリスト教が正しい、イスラム教が正しいというひとつのモノサシをかざすから戦争が起きるのです。**逆に、不確定性原理を理解していれば、「どっちが正しいか、決めるのは不可能です」と、戦争の根本となる考えが消え失せるからです。

量子論によって「真空がない」ことが証明された意味

さて、その後も量子力学は進歩をつづけます。

現代の量子力学の不確定性の公式で一番有名なのは、

$\Delta e \times \Delta t > h$

という不等式です。

Δｅはエネルギーの分布、Δｔは時間の分布、それがプランク定数ｈよりも大きい、ということを表しています。

この公式は、２つのとてつもない事実を表しています。

まずひとつは、時間には最小ユニットがある、ということです。

なぜなら、ΔｅもΔｔもゼロになりようがありません。たとえΔｅをどんなに小さな値にしたとしても、ΔｅとΔｔの積がｈよりも大きいということは、プランク定数よりも小さい時間はつくれないということを意味しています。

これが意味するのは、時間が不連続であるということです。

かつては、時間は連続的なものである、と考えられていました。ところが、実際は、それは不連続なものだということがわかりました。

時間の最小単位は、10のマイナス44乗秒というプランク時間です。それは、１兆×１×１兆分の１秒です。

もちろん、初めに取り上げた公式のプランク定数hは、プランクメートルといって、空間の最小単位です。ということは、これよりも小さいサイズの空間は、この世につくれないということです。

時間と空間は、ともに不連続であることが、現代ではわかっています。

これを聞いて、ふつうの人は「えっ？」とびっくりするのではないでしょうか。不連続ならば、どうやって次の世界に生きることができるのか、と考えるに違いありません。

このことは、著書『苫米地英人、宇宙を語る』（角川春樹事務所）に記しましたが、不連続なものを飛び越えられるのが生命現象である、ということです。生命でないものは、ひとつの時間と空間に閉じ込められてしまいます。時間と空間が流れているのは、生命だけなのです。物理学では、さらに面白いことがわかっています。

Δe×Δt＞hは、エネルギーがゼロの状態をつくれない、ということを示しています。かりにΔeがゼロならば、不等式の左辺はゼロになり、この不等式自体が成り立たなくなってしまいます。

エネルギーでは、アインシュタインの方程式

$$E=mc^2$$

も有名です。これは、原爆の原理であることからもわかるとおり、先の不等式とはスケールがまったく異なっています。アインシュタインの方程式からわかることは、エネルギーは光のコンスタントの２乗であり、エネルギーと物質は同じものである、ということです。

そこで、その原理をΔe×Δt∨hに当てはめて考えると、物質においてもゼロの状態をつくれないことがわかってきます。とすれば、この世に真空はない、ということになるのです。もちろん、真空をつくることはできますが、その真空をつくった瞬間に、確率によって素粒子が生まれてきてしまうわけです。

従来の物理学では、この世は真空であり、その真空のなかにさまざまな物質が転がっているとされていました。ところが、量子論によって１９６０年代に、この世には

本来の意味での真空がない、ということがわかったのです。

いずれ人類は宇宙さえも創る

ところで、Δe×Δt∨hを能動的に利用したカラクリに、**量子加速器**があります。量子加速器は、1980年代以降に成功し、素粒子の発見をもたらしました。

素粒子とは、物質を構成する最小単位のことです。

世界最大の量子加速器は、スイスにある大型ハドロン衝突型加速器です。これは、2008年に稼働を始めました。サイクロンの全周は27キロで、その規模は東京の山手線の全周に匹敵します。

量子加速器は、先の不等式から導かれる、ねらった時間で、ねらったエネルギーを与えれば、ねらった質量が出てくる、という原理を利用しています。

実際は、たいへんに短い時間に、粒子と粒子を加速してぶつけます。すると、とてつもないエネルギーが放出され、ねらった素粒子が生まれてきます。

このハドロン衝突型加速器の稼働によって、唯一未発見の素粒子、ヒッグス粒子*が出てくることは間違いないとされていました。２０１３年にはＣＥＲＮ《セルン》*での研究成果を受け、ピーター・ヒッグス氏とフランソワ・アングレール氏がノーベル賞を受賞しました。ただ、ＣＥＲＮが本当にヒッグス粒子を発見したのかは、疑問を呈する学者もいます。

かりにヒッグス粒子の発見が事実だとしたら、人類はすべての素粒子をつくったことになります。

これは、たいへんな話です。

なぜなら、すべての粒子をつくるというのは、宇宙をつくることができるというに等しいことだからです。もちろん、人類に宇宙をつくることはできないかもしれませんが、少なくともその構成要素はすべてつくったということになるからです。

宗教においては、宇宙は神がつくったことになっていますが、その領域に人類がどんどん肉薄しています。いずれ人類は、宇宙さえもつくる能力を蓄えるようになるのかもしれません。

*ヒッグス粒子　宇宙が誕生して間もない頃、他の素粒子に質量を与えたとされる粒子。１９６４年にピーター・ヒッグスが提唱した。

*ＣＥＲＮ　欧州素粒子物理学研究所。１９５４年に12か国が出資し、スイス・ジュネーブ郊外に設立された。

こうした人類の進歩の陰で、それを「神への重大な挑戦だ」とする宗教的右派が、ここ10年、20年の間にたいへん増えています。彼らは、さまざまな表現手段を使って、神秘主義の復権を目論《もくろ》んでいます。『ダ・ヴィンチ・コード』*の著者、ダン・ブラウン*などは、その広告塔といわなくてはならないでしょう。

量子論と「空」

量子論は、この世が「空」であるという釈迦の思想を裏づけていると、私は思います。

空というのは、なかなか難解な概念です。

般若心経にある「色即是空　空即是色」は、空を最も的確に表す一節とされています。それは、「すべての物事（色）は空によって成立しており、空こそが物事（色）である」という意味です。

空の理論体系を大成したとされる『中論』*で龍樹（ナーガールジュナ）*は、次のよ

*『ダ・ヴィンチ・コード』　2003年にアメリカで出版された長編推理小説。レオナルド・ダ・ヴィンチの作品をはじめ、多くの流説を結びつけた内容で、2006年には映画化されて世界的にヒットした。

*ダン・ブラウン　Dan Brown（1964－　）アメリカの小説家。2003年に発表した長編推理小説『ダ・ヴィンチ・コード』が世界的な大ベストセラーとなった。

*『中論』　インド大乗仏教の代表的論書。龍樹による著作。サンスクリット語原典、チベット語

うなたとえを用いています。

たとえば、辺りに生えている草木を材料に庵《いおり》をあんだとき、庵ができれば庵という現象が成立していることになりますが、庵を解体してもとの草木に戻してしまえば庵という現象は成立していないことになります。よって、「庵は成立している」とも「成立していない」ともいえます。

つまり、現象を成り立たせているのは物事の関係性であり、その関係性が「空」という概念です。この世のすべての現象は、その関係性次第で「有であり、無である」ということです。

これを量子論の超ひも理論*に当てはめると、ひもが振動しているときが「有」で、振動していないときが「無」であるということになるでしょう。宇宙にはひもが充満しており、そのひもの長さは、プランク定数hです。そして、ひもが振動しているときを素粒子といい、振動していないときを真空というわけです。「え？　真空なのに、ひもが存在しているのですか？」という疑問はあるでしょうが、定義上は、ひもは計測不能だから「ない」ということになっています。

訳、漢訳が現存する。インド中観派、中国三論宗の中心典籍。

*龍樹　2世紀に生まれたインドの仏教僧。大乗仏教中観派の祖。「龍樹」はサンスクリット語の「ナーガールジュナ」の漢訳名。

*超ひも理論　超弦理論。素粒子を点ではなく振動・回転するひも（弦）と捉えて、あらゆる相互作用を統一的な枠組みで表すことを目指す統一理論。

このように、量子論が明らかにしたこの世の構造と、釈迦の空の概念は、非常によく合致する部分があります。

量子論から出された「神の死亡届」

また、**現代物理学は、宗教的な運命論を否定します。**

量子の状態はすべて確率であるという点で、確率100%の現象はない、ということになります。**この世のすべての現象は、可能性が高いか低いかの違いはあるものの、すべて確率によって決まる**ということです。

たとえば、流体力学によれば、東京タワーのてっぺんからハンカチを落とした場合、それが地面のどこに落ちるかを、私たちがあらかじめ知る方法はありません。落下するハンカチの次の状態というのは、ひとつ前の状態がどうであったかということで決まります。

1センチ上から落としたときは、どこに落ちるかかなり正確にわかります。かりに、１センチ後のハンカチの位置が99％正確にわかるとしても、高さ３３３メートルから落とせば、０・99×０・99×０・99×……と３万３２９９回かけることになり、どんどんゼロに近づいていくわけです。これをランダム性といいますが、ハンカチを落とす場合は、高いところから落とせば落とすほど、ランダム性が上がってくるわけです。

さて、たとえば世界の大宗教では、事故で子どもが死んだようなとき、神父や牧師は決まって「神の思《おぼ》し召し」といいます。

しかし、その思し召しを、神はいつ決めたのでしょうか。

彼らのいう神は全知全能の神です。全知全能ならば、いつ決めても同じです。つまり、「いま決めた」というのと、「宇宙をつくったときに決めた」という間に差はまったくありません。そして、子どもの死は１３６億年前に決めました、というのが宗教でいう神の思し召しということになります。

ところが、現代物理学では、物事が１３６億年前に決まっていることなどありえません。この世の現象のすべては確率であり、結果は、前に述べたようにランダム性に左右されます。この事実からいえることは、**量子論の上ではすでに「神は死んでいる」**ということです。

情報空間においても「神はすでに死んでいた」

不確定性原理が、有であり無であるという物理空間の関係性を規定するものであるとすれば、情報空間においては不完全性定理がそれを規定しています。

不完全性定理は、クルト・ゲーデル*が1931年に発表したものですが、後に1980年代にこの定理が数学全般にわたって証明されたことで、情報空間においても「神は死んでいる」ということが決定的になりました。

このことを説明するには、まず「系」という概念からお話ししなくてはならないでしょう。

系とは、英語でいうシステムです。たとえば、ユークリッド幾何学は、ひとつの系です。公理*と定理*が集まって、ひとつのシステムとして成り立つものを系と呼ぶわけ

＊クルト・ゲーデル　Kurt Gödel（1906－1978）オーストリア・ハンガリー二重帝国（現チェコ）のブルノ生まれの数学者・論理学者。不完全性定理、連続体仮説に関する研究で有名。

＊公理　真なることを証明する必要がないほど自明の事柄であり、それを出発点

です。

私たちが小学校や中学校で幾何学を学ぶとき、公理というものを覚えさせられます。たとえば、２つの点を結ぶ直線は１本しか引けない、などです。

不完全性定理よりも以前は、それだけで正しいものを公理と呼んでいました。ですから、公理が正しいかどうか、いちいち証明することはありません。なぜなら、それはアプリオリ（先験的）に正しいとわかっていることだ、とされてきたからです。

余談ですが、いまから２５００年前に、ユークリッドが幾何学を最初に定義した『ユークリッド原論』において、彼は「公理は最初から正しいものである」と書いてはいません。そこには、「ユークリッドは以下を正しいと要請する」と書いてあります。つまり、「正しいと仮定すると、このようなシステムがつくれますよ」といっているわけです。

ところが、不完全性定理ができるまでの２５００年間、ユークリッドは誤解されてきました。人間は勝手に、ユークリッドのいう公理、公準が証明しなくても正しいものであると、教えてきてしまったのです。本来ならば、中学校の幾何学で、「公理は

として他の命題を証明する基本命題。

＊定理　公理に基づいて、論証によって証明された命題。

証明しなくても正しい」と教える先生がいたら、よい中学生は「ユークリッドはそんなことといっていません」といわなくてはならないでしょう。

こうした証明不要の公理と、その公理から導かれる命題、たとえばピタゴラスの定理などが系を成り立たせています。

ところで、系が系であるためには、2つの条件があります。

ひとつは、**系のなかに命題同士で矛盾するものが入っていないこと**です。当然のことですが、矛盾する命題が入っていれば、同じ現象をある命題では肯定し、ある命題では否定することになり、システムとして成り立ちません。

もうひとつは、**系のなかに証明不能の命題が入っていないこと**です。

この2つを満たしたときに、系は完全である、とするわけです。

ゲーデルが証明してしまった「不完全性」

いまでこそ数学は道具に成り下がってしまいましたが、不完全性定理以前は、数学は神の世界とされていました。

なぜならば、それは完全な世界だからです。**その完全性ゆえに、数学は神の学問であり、特別なものだとされてきた**わけです。

かつての理系的学問ヒエラルキーでは、数学という特別の神の学問を頂点にして、その下にサイエンスという下々の学問があり、そのはるか下に人文や文学があるという構造です。数学者が人間扱いするのは、物理学者か、せいぜい自然科学をやっている科学者かエンジニア止まりという時代がずっとつづいてきたということです。

その神の学問を完成させようとしたのが、有名なドイツの数学者、ダヴィッド・ヒルベルト*です。

彼は、米プリンストン大学に招かれ、数学の無謬《むびゅう》性を証明するヒルベルト・プログラムを推進します。簡単に言えば、世界的頭脳を集め、数学という完全なる宇宙が独立して存在していること、数学という系が完全であることを証明しようとしたわけです。

当時は、アメリカのプリンストン大学が世界で最も優秀な頭脳を集めた時代でし

＊ダヴィッド・ヒルベルト　David Hilbert（１８６２－１９４３）ドイツの数学者。「現代数学の父」と呼ばれる。

た。頂点の学問における世界的頭脳が集合した世界的なプロジェクトですから、それがどれほどの権威と確信に包まれた華々しい舞台であったか、想像に難くないのではないでしょうか。

ところが、そのヒルベルト・プログラムを、1931年に、オーストリア＝ハンガリー帝国の地方都市出身で、ウィーン大学で学位をとったばかりの25歳の若者が一撃のもとに打ち壊してしまいます。

それが、**ゲーデルによる不完全性定理**の発表でした。

不正確な書き方ですが、**不完全性定理とは、数学の完全性と無矛盾性が両立することとは不可能である、ということを示したものです。**

そのために、ゲーデルは、ゲーデル数とゲーデル文を使った「この命題は証明できない」という証明不能命題を考えつきます。

わかりにくい話かもしれませんが、ゲーデルの証明不能命題が成り立つことを証明すれば、系のなかに証明不能命題そのものが入ることになり、「証明不能の命題が入っていない」という系が完全であるための条件が崩れてしまいます。

逆に、証明不能命題が成り立つことを証明できなければ、ずばり証明できない命題が系のなかに入ることになりますから、やはり系は完全ではない、ということになってしまうのです。

つまり、**「この命題は証明できない」という命題が、系のなかに必ず入り込むということを証明してしまうと、系の完全性は一気に瓦解《がかい》してしまいます。**ゲーデルは、そのことを証明するわけです。

翌32年に、コンピュータの父と呼ばれるジョン・フォン・ノイマン*に招かれたゲーデルは、プリンストン大学で有名なゲーデルレクチャーを行います。これ以降、ヒルベルト・プログラムは大幅な修正を余儀なくされたと伝えられており、プリンストン大学に集まっていた世界的な権威たちの心中は察するに余りあります。

クルト・ゲーデル

*ジョン・フォン・ノイマン　John von Neumann（1903－1957）ハンガリー出身のアメリカの数学者。20世紀科学史における最重要人物の一人。原子爆弾の開発者としても知られる。

ただし、ゲーデルが不完全性定理で用いたのは、「自然数論を含む帰納的に証明できる公理系」という限定された系でした。「自然数論よりも大きな系に拡張したとしても、必ずそこに不完全性が入ります」と予測しているものの、それを証明はしていません。

したがって、自然数論や比較的小さな公理系はだめだとしても、それだけで「完全な系はない」とは言い切れません。このときはまだ、完全な系が存在する可能性は残っていたのです。

1991年は神が正式に死んだ年

その可能性を、それこそ完全に打ち砕いてしまったのが、数学者でありコンピュータ科学者である**グレゴリー・チャイティン***です。チャイティンの不完全性定理は、1987年に証明されました。

チャイティンは、情報理論の分野でゲーデルの不完全性定理とよく似た現象が起こ

*グレゴリー・チャイティン Gregory J. Chaitin（1947－ ）アルゼンチン出身でアメリカ在住の数学者、コンピュータ科学者。

ることを発見します。そして、彼はコンピュータ言語のＬＩＳＰ*を用いて、すべてのことに偶発性が存在し、あらかじめ決まった法則性はないということを証明してしまいます。

最初に発表されたとき、チャイティンの証明はどれほどのインパクトがあるものかわかりませんでした。チャイティンは89年にカーネギーメロン大学に招かれてレクチャーを行い、それを聴いた世界中の数学者たちが「たいへんだ！」と、そのマグニチュードのあまりの強さに度肝を抜かれることになります。

簡単に言えば、**チャイティンが明らかにしたのは、コンピュータプログラムでソフトをつくり、「このプログラムにはバグがない」と証明できたとしても、それを記述している言語そのものにバグが含まれる可能性があるということです。**同様に、それは、私の物理学の理論は完全だと証明できたとしても、それを記述する数学にバグがある可能性があるということです。

数学は、物理学をはじめとする自然科学ばかりか、哲学や経済学などの社会科学においてもそうであるように、最も純粋な記述言語です。不完全なものを使って、完全

＊ＬＩＳＰ　括弧を多用する独特の構文を持つプログラミング言語の一種。名称「ＬＩＳＰ」はリスト処理を意味する英語「list processing」に由来。

な系が生み出せるはずはありません。

数学全般に不完全性が働くというチャイティンの証明は、学問のあらゆる系が不完全であるという証明とイコールです。それはすなわち、人間の知の体系すべてが不完全である、ということになります。

ついに人類は、この世に完全な系が存在しないということを、どうあっても認めざるをえなくなったのです。

ここに、神という問題が引っかかってきます。

宗教において、神は全知全能とされています。全知全能とは、前に述べたように、「万物を創造した完全な系がある」ということです。

ところが、チャイティンは、この世に完全な系はない、ということを証明しました。

つまり、チャイティンの証明によれば、神は存在しないのです。

宗教にとって、これはヤバい話といわなくてはなりません。

実際、宗教哲学者の**パトリック・グリム**は、１９９１年にグリムの定理を発表し、神は存在しないと証明します。

彼の証明は、数学で記述されているのですが、簡単に言葉でまとめれば、「神を完全な系と定義するとゲーデル＝チャイティンの定理により、神は存在しない」という非常にシンプルなものです。

要するに、**神という系があるとしても、神のいうことには必ず矛盾が入り込むし、系のなかに神にも証明できない命題が入ってしまう。だとすれば、それは神ではない。**そういう内容です。

グリムの定理を覆すことのできる哲学者や宗教学者はいません。なぜかといえば、覆すためには、ゲーデルとチャイティンの定理が間違っていると証明しなくてはなりません。そのためには、数学が完全であると証明しなくてはならないことになり、それは不可能なことです。

もちろん、神と呼ぶ対象が存在すると主張するのはかまいません。ただし、そのときは、「神はちゃんといますけど、完全ではないですよ」といわなくてはなりません。さらにつけ加えるならば、交通事故で子どもを亡くした家族に「神の思し召しです」と言ってはいけないということです。

グリムの定理が発表された1991年は、神が正式に死んだ年だといわなくてはなりません。

ゲーデル、チャイティンの数奇な最期

以上見てきたように、神はいないということが、科学でははっきりと証明されています。

神の存在を感じるような神秘体験は、神がいるから実際に体験したのではなく、脳が情報処理を誤り、神の情報をつくってしまうことでもたらされます。

それでもなお、神に救いを求めようとする人間が絶えないのは、不確定で不完全な世界に対して、人々がそれほど強烈な恐れを抱いていることの証左です。

興味深いのは、不完全性定理を証明した、その後のゲーデルです。

ゲーデルは、プリンストン高等研究所の教授として招聘《しょうへい》されますが、そこでアインシュタインと家族ぐるみの親密な交流を持ちます。

アインシュタインの一般相対性理論のなかで、ゲーデルしか見つけられなかった有名な「ゲーデル解」があります。それは若いゲーデルが「アインシュタインさん、あなたは気づいていないみたいだけど、こういう解がありますよ」と教えたものです。

そのときのアインシュタインの感動ぶりは、さまざまな記録に残されています。両者の関係は、その後、年老いたアインシュタインが「私の唯一の楽しみは、ゲーデルと散歩することだ」と述べていることからも推察できるでしょう。

そのアインシュタインは、ユダヤ教の敬虔《けいけん》な信者でしたから、最後まで「神はサイコロを振らない」といって死んでいきました。もちろん、**量子論の成功は、神がサイコロを振るとわかったわけですから、これはアインシュタインの負けです。**

ゲーデル自身はユダヤ系ではなかったといわれていますが、敬虔なキリスト教徒であったのではないでしょうか。彼は、不完全性定理の証明が神の存在を否定するということにたいへん悩み、その後の人生を神の存在証明のために費やすようになります。

彼は、非常に几帳面《きちょうめん》な性格だったらしく、紙ナプキンからノートにいたるまで、存在証明のための膨大なメモを残しています。それを見ると、ゲーデルの後に出てきた分析哲学者などの方法論を舐《な》めるように読み尽くし、この方法だとこう、という具合に、詳細に検討を加えていることがわかります。

ゲーデルは、自分の証明によって神の存在が否定されたということが、どうしても受け入れられなかったようなのです。そして、ついに頭がおかしくなり、療養先の精神病院で餓死するという最期を迎えます。

私は、ゲーデルの人生を考えると、宗教って怖いなあ、と思います。宗教のために、自分が成し遂げた大偉業が蹉跌《さてつ》となり、そのために残りの人生を捧げなければならなかったというのは、「人生の皮肉」ですませられるものではありません。

その点では、程度の差こそあれ、チャイティンも同じです。

チャイティンの不完全性定理の論文の最後に、彼は「私はなんと暗い証明をしてしまったことか」という内容の悲観的な一節を記しています。本来ならば、「俺はすごい。世界最高の科学者だ」といっていいはずなのに、思いっきり自負心を下げているのです。

ヨーロッパ的な一神教の敬虔な信者にとって、神を否定することはたいへんな苦痛を伴うことなのかもしれません。

しかしながら、神が正式に死んだ後のこの21世紀に生きる私たちは、そろそろこうしたメンタリティと決別すべき時代にさしかかっていることを、はっきりと自覚しなければならないのではないでしょうか。

次章では、西洋のキリスト教と東洋の仏教の間にある根本的な相違について述べていきます。両者の違いを指摘することで、釈迦の教えの本質を浮き彫りにすることができれば、ポスト宗教の時代にあるべき人間の生き方が、きっと見えてくるに違いありません。

第4章

日本人だけが知らない「仏教」の本当の歴史

「アプリオリ」を全面否定した釈迦

哲学に、**アプリオリ**という概念があります。

これは、カントが『純粋理性批判』のなかで使った概念で、**経験的認識に先立つ自明な認識や概念のこと**をさしています。日本語では、「先験的」と訳せます。

数学の公理は、まさにアプリオリなものと考えられてきました。それだけであるもの、それだけで正しいものが存在するというのが、公理系の大前提です。実際カントも、数学の公理をアプリオリの例としてあげています。

そして、**そのアプリオリなもののひとつが神なのです。**

つまり、無矛盾かつ完全という神の公理系です。

東洋で一番有名なのは、道教*のタオ*でしょう。

道教においてタオは、アプリオリなものです。中国語でタオは、それだけであるもの、という意味で、まさに公理のことです。

*道教　中国三大宗教（儒教・仏教・道教）の一つ。不老長生をめざす神仙術と原始的な民間宗教が結合、老荘思想と仏教を取り入れて形成されたもの。

*タオ　道教の中心概念。道（タオ）。宇宙と人生の根源的な不滅の真理。

バラモン教において宇宙の根本原理とされるブラフマン*も、同様に公理です。バラモン教では、ブラフマンと自分のアートマン（自我）が合一することを解脱というわけですが、アートマンも、それだけであるものであり、未来においても変わらないとされ、公理として位置づけられています。アートマンは、なぜか生まれる前からあり、死んだ後にもあるとされます。それゆえに、輪廻の概念が生まれてくるのです。

バラモン教では、アートマンは永続であり、宇宙の原理であるブラフマンも永続であるとされ、基礎原理になっています。ブラフマンという公理とアートマンという公理がアプリオリに成り立つ公理系の存在が、バラモン教の大前提になっているわけです。

ユダヤ教でも同じです。

ユダヤ教では、神の名を口に出してはいけないわけですが、神はキリスト教と同じエホバ*です。彼らは実際、字もエホバとは書きません。モーゼ*が十戒*で神の名をみだりに唱えてはいけないとしたからで、「J」と「V」の子音しか書かないのです。

*ブラフマン　ヒンドゥー教ならびにインド哲学における宇宙の根本原理。サンスクリットの「力」を意味する単語から由来する。

*エホバ　旧約聖書におけるイスラエル民族が崇拝した神。万物の創造主。唯一絶対の神。

*モーゼ　紀元前13世紀ごろ活躍したとされる、旧約聖書の『出エジプト記』などに登場する古代イスラエルの民族指導者。

*十戒　モーゼが神から与えられたとされる10の戒律。

ユダヤ教でいうエホバは、キリスト教でいうゴッドです。それは、「私はある」という意味の言葉で、それだけであるもの、という内容をさしています。だから、神にお父さんやお母さんはいないし、寿命もありません。

では、それは何かといえば、未来永劫《えいごう》の真理である、ということになっているわけです。

このように、宗教は、バラモン教の時代も、モーゼの時代も、そういう神がいるとアプリオリに考えるところから出発しています。いまでも、あらゆる宗教で、そういう神がいるということを前提にしているわけです。

ところが、およそ2500年前に、釈迦は、「アプリオリはない」と唱えました。人々がみな神を信じ、その権威のもとに生きていた時代に、そのアプリオリ性を真っ向から否定したのです。

釈迦の主張は、ブラフマンはあってもいいが、それだけであるものとされる神は成り立たない、この世にアプリオリなものは何ひとつ存在しない、と徹底的に否定したのです。

いってみれば、釈迦は、不完全性定理を主張したようなものです。

ちなみに、現代においても、わけ知り顔の評論家などが、テレビで「それはアプリオリにわかっていることだ」とのたまうシーンをときどき見かけます。こういうものの言い方は、いわば猫騙しみたいなもので、衒学《げんがく》的な言葉を使って相手を黙らせようとする意図が見え見えです。ゲーデル＝チャイティンの定理によって、この世にアプリオリなものはないとすでに証明されているわけですが、この21世紀においても、いまだにこのようなエセ知識が幅を利かせているのが現状です。

釈迦は天才的な気功師だった!?

さて、釈迦による神の否定は、当時、どのような影響を及ぼしたでしょうか。

実は、釈迦の教えは、ほとんど広まりませんでした。

もちろん、ムーブメントらしきものは起こったようです。しかし、それはおそらく超能力的な意味合いでのムーブメントであり、「ブラフマンはいない」という主張に対して民衆の支持が沸き起こったわけではなかったと思います。

あくまで私見ですが、現代風にいえば、**釈迦は天才的なヨーガ行者もしくは気功師だったのではないか**と考えられます。病気をどんどん治してしまうわけです。それは、オカルトでも何でもありません。

釈迦を信じた人は、病気が治って当然です。たとえ、あまり信じてもらえなかったとしても、釈迦がその人の内部表現の書き換えにたけていれば、病気は治ってしまうのです。

釈迦立像

当時はバラモン教の時代ですから、人々は、超人として、釈迦というバラモンの1人を拝んだのであり、そのラディカルな思想に共感したのではなかったと考えられます。

ところで、インドのカースト制*は、大きく4つの階層に分かれています。それは、バラモンを最上位に、クシャトリア、ヴァイシャ、シュードラと並びます。それぞれの階層は、さらにいくつもの細かい階層に分かれ、厳格な順位がつけられています。

最上位のバラモンは、神聖な職に就いたり、儀式を執り行ったりすることができる階層です。日本語では「司祭」とも訳されます。

クシャトリアは、いわば王や貴族などを中心にした階級です。そして、ヴァイシャは平民階級、シュードラは奴隷階級です。

釈迦国の王子として生まれた釈迦は、クシャトリアに属し、そのなかでも最上位クラスに位置づけられる身分を持っていました。

その釈迦がバラモンとして活動を始めた経緯はよくわかっていませんが、周囲の目から見ると、釈迦国の王子が、あるときおかしくなって、バラモンの修行を始めてしまったということだったのではないでしょうか。

バラモンから見れば、「バラモンでもないのに、戒律を破って修行するなんて、とんでもない奴だ」となるところですが、何といっても相手は自分が住んでいる国の王子です。おそらく最終的には、「まあ、許してやれ」という結論になったのではない

＊カースト制　ヒンドゥー教における身分制度。紀元前にインドを征服したアーリア人が先住民を肌の色で差別したのが起源。

でしょうか。

釈迦は周辺の国に布教に行っていますが、それらの国々は、釈迦国を属国としているか、同盟関係を結んでいる国です。周辺国のバラモンは不愉快だったでしょうが、「釈迦国の王子なんだから、大目に見てやれ」ということでしょう。

もし、クシャトリアでも王様の息子でなかったら、釈迦はバラモンの修行を始めた最初に殺されていたことでしょう。

神を語る人間はみな嘘つき

私が面白いと思うのは、**釈迦の教えは宗教としては圧倒的に弱かったはずですが、思想としては圧倒的に強力だったという点です。**

この世のアプリオリ性を否定し、自我というアートマンさえ否定している釈迦は、いわば完全無抵抗主義です。敵が来ても、「ああ、どうぞ殺してください」「あなたがやりたいなら、どうぞ」という考え方をしています。神に完全性と恐怖からの解放を求める本来的な宗教の姿として、これほど弱いものはありません。

ところが、釈迦の教えのなかには、あらゆる宗教に内在する本質的な矛盾がありません。それは、部分情報である人間に、なぜ完全情報のことがわかるのか、という問題です。

あらゆる宗教のトップは自分が人間であり、すなわち部分情報であることを認めているにもかかわらず、神は完全情報だ、と主張します。しかし、いくら位が高くても神でもない人間に、なぜ神が神だとわかるのでしょうか。

私が、オウム真理教の信者に「**なぜ、あなたは麻原彰晃***が最終解脱者だとわかるのですか**」といっていたのと同じです。麻原が最終解脱者だと認めることは、麻原が自分よりも上だと認めることになります。もちろん、一般的に、人間は自分よりも能力が上の相手がわかります。しかし、それが最終解脱者だということを、最終解脱者でもない信者にわかるはずはありません。

つまり、全知全能の神を語る人間は意図的であるかないかは別として、全員、嘘《うそ》をついていることになります。しかも、頭が悪いからそう言っているのであればまだし

＊麻原彰晃（1955－　）本名・松本智津夫。新興宗教団体のオウム真理教の教祖。地下鉄サリン事件はじめ、一連の凶悪事件を起こし、現在は確定死刑囚。

も、わかるはずのないものをわかると、確信犯で嘘をついている場合があるわけです。

その点、釈迦は、神を否定した結果、人々が神を必要とする理由を全部解決してしまいました。

神を必要とする理由のひとつは、部分情報である人間が完全情報に憧れることです。そこで、釈迦が「完全情報はこの世にありません」といえば、憧れは消えてしまいます。

また、死を恐怖する人に対しては、「死んだら、その怖がっている君はいないんだよ」の一言で終わりです。

すると、人間は、幻想から徹底的に解放されていきます。それを、釈迦は「未来も幻想、過去も幻想」と教えたのです。

「神」を否定する宗教は仏教のみ

阿含経典は、次のような釈迦の教えを伝えています。私なりの現代語に直して、かいつまんで紹介しましょう。

毒矢が飛んできて身体に刺さり、毒が回りだしました。
そのときに、人間が考えることには、いろいろなものがあります。
たとえば、毒矢はどこから飛んできたのだろうか。あるいは、この毒はどんな毒だろうか。さらに、誰の仕業だろうか、などです。
毒矢が刺さったことで、いろいろ考え悩むことは増えたでしょうが、その前にやるべきことがあるはずです。それは、まず矢を抜きなさい、ということです。

これが釈迦の教えです。

つまり、あの世について語ること、その前に未来について語ること、それはすべて妄想だから、目の前にあるやるべきことをやりなさい、という意味でしょう。

釈迦は、「あの世はない」とか「霊魂はない」といったことを直接的に言及はしていません。そういうことにいっさい答えていないのです。それを語ること自体がムダなことだ、それよりもやるべきことをやれ、ということです。

話は変わりますが、**キリスト教世界では長い間、釈迦の教えのことを「悪魔の宗教」と呼んでいました。**

神を否定する釈迦が生み出した仏教が、キリスト教徒たちの目にはよほど邪悪なものに映ったということでしょう。

現代の宗教学者は、仏教について「釈迦という神」と表現していますが、「悪魔の宗教」と呼んだ昔の神学者は「釈迦という悪魔」の意味でそれを使っていたのかもしれません。その是非はともかく、釈迦は悪魔も否定しているわけですから、彼らの論理のモノサシで釈迦を測れるはずはないでしょう。アプリオリ性を徹底的に否定し、神がいないとする宗教は世界的に見ても仏教だけです。だからこそ、キリスト教やイスラム教に比べ、数で圧倒的に負ける、弱い宗教なのです。

釈迦の教えそのものは、西洋的な宗教学の定義でいえば、本当は宗教とはいえません。ただし、宗教的な信仰心という意味で、それを宗教現象と捉《とら》えることはできます。それは、仏陀という超人になるという意味において宗教的思想であり、宗教的な活動であるわけです。

釈迦は誰に「暗殺」されたのか?

さて、釈迦はインド全域を歩いて布教活動を行いますが、その過程で有名なバラモンたちが集まり、どんどん弟子になっていきます。信者はガンジス沿岸を埋め尽くすほどに広がり、仏教はついにバラモン教をしのぐ最大の宗教になったとされています。

しかし、前に述べたように、信者たちにとって、釈迦はあくまで新しいバラモンの1人であり、バラモン教とは異なる対抗宗教が生まれたということではなかったでしょう。

釈迦は、ヴァイシャからも仏弟子を出したり、女性を出家させたりし、それが大問題になります。

バラモン教では、バラモン出身でなければ神聖な職に就くことはできません。ふつうならクシャトリアにも許されないにもかかわらず、平民階級であるヴァイシャから仏弟子を出したのです。**そしてついにはカースト外、不可触民からも仏弟子を出しました。バラモンたちにすれば、それはそれは重大な神への冒瀆です。**

また、当時は女性に人権のない時代でした。女性を出家させてバラモンにしてしまうことは、統治の根本である身分制度を揺るがし、国を混乱させる反逆行為と映ります。

釈迦の教団は反社会性が強いとなったからに違いありませんが、多くの弟子たちも暗殺されています。

釈迦は80歳で死んだとされていますが、実はそれも暗殺だった可能性が高いと私は考えています。20世紀になっても、カースト制度を壊そうとしたガンジーは、それが原因で暗殺されているからです。

釈迦の死は、チュンダという在家の信者が持ってきたキノコを食べて、そのなかに毒キノコが混じっていたのが原因ということになっています。

チュンダは、有名な信者で、経典のなかにもよく登場する人物です。もちろん、チユンダ本人が毒を盛った可能性はきわめて低いと考えますが、彼が持参したキノコのなかに、何者かが毒キノコを突っ込んだ可能性は十分にあるように思えます。

実際に、釈迦の教団では、結果的に中心的な弟子たちはみな殺しのような目に遭ったことが伝えられています。

釈迦が死ぬ前に出した2つの注文

釈迦は、毒キノコを食べる数カ月前に、「私はそろそろ死ぬぞ」と、死を予言しています。

それを聴いた弟子たちは、どうしたものかと大騒ぎになります。弟子たちは教えを伝える方法として、釈迦の言葉をすべて文章にまとめて遺し、釈迦の死後はそれを読んで聞かせるのがいいのではないかと提案します。

それが、いまに伝わるお経です。

釈迦は、それを了承しますが、そのときに2つ注文をつけています。

弟子たちは、当時でも古語であったサンスクリット語*の文語で記述し、あいまい性をできるだけ低くすることを提案していましたが、釈迦はそれを却下し、「口語で、いまのように語って伝えなさい」といいます。**それで口語で釈迦の言葉が伝えられます。

釈迦はマガダ語をしゃべっていたと推測されますが、インドでは滅んだ言語なので、現在には伝わっていません。一方、南インドの方言のパーリ語での経典は現在にも伝わっています。パーリ語は、インド南部、スリランカなどに受け継がれた言葉です。

対するサンスクリット語は、礼拝用の厳格な言語ですが、文法的に複雑で、それが理解できるのはカースト上位の出身者たちだけです。そこで、ひとつ目の注文として、自分の教えが誰にでもわかるように、生きた言葉で語って伝えるようにしなさい、としたのです。

2つ目の注文は、**「私は君たちに教えを伝えることによって、悟りの世界を指さしている。しかし、お経をどんなに遺しても、それは私の指しか見ていないことにな**

＊サンスクリット語　古代インド・アーリア語に属する言語。東南アジアにおいても用いられていた古典語。

る。私の指ではなく、私の指さすところを見なさい。それが悟りの世界だ」ということです。つまり、指をいくら正確に記述しても、指さすところを見なければ何にもならない、と教えたわけです。

ところが、いつの間にか仏教は、こうした釈迦の意図を離れてしまいました。経典は、サンスクリット語で現代に伝えられています。また、釈迦が指さすところを見るのではなく、指そのものの中のどれがいいかを信者は競い、たとえば、どのお経がより優れているかを論争したり、単にお経を唱えたりする宗教に変わってしまいました。

2000年前の上座部仏教の煩悩

どうしてこのようなことが起こったのでしょうか。

その原因は、大乗仏教の起こりを見るとわかります。

大乗仏教*は、釈迦の没後500年ほどたって生まれたムーブメントです。**

＊大乗仏教　仏教の二大流派の一つ。1世紀後半から2世紀のインドで起こった社会・思想運動で、古来の仏陀の教えを拡大して新しい解釈を加えた教派。

大乗仏教にいたる当時の状況を簡単にいえば、代々つづいた仏弟子が、だんだん権威や身分を笠に着て「私を上座と呼べ」「私はバラモンだ」とふんぞり返るようになっていきました。そして、仏弟子を継ぐ僧侶や在家の信者たちの間に、「お前たちの代わりに修行してやっているのだから、そのための費用を負担しろ」という風潮が生まれます。

いまでもそうですが、出家制度においては、出家したお坊さんはいっさい社会的な生産活動をしません。しかし、いっぽうでは在家の人々がせっせと働いてお布施を差し出します。こうした組織経営上の弊害が、釈迦の死後100年もたつと顕著になっていきます。

釈迦の時代の出家者には、もう少し厳しいルールが課されていました。たとえば、出家者の財産は3つと決まっていました。それは、爪楊枝《つまようじ》とお椀《わん》と衣3枚というものです。

爪楊枝は歯磨きのためのもの、お椀は托鉢《たくはつ》に使うものです。そして、衣は、1枚はいま着用するもの、2枚目は洗濯のときの着替え、そして3枚目は寝るときに地面に敷くためのものです。出家者は、持ち物をそれしか許されていませんでした。

ちなみに、3枚の衣は、その時代から糞掃衣《ふんぞうえ》と呼ばれ、黄色い糞尿が染みついたような色をしていました。それが、現在の黄色い袈裟《けさ》に受け継がれています。なぜ黄色かったかといえば、それは死体をくるんでいた衣だからです。いくら洗っても、血液などの染みは、その程度にしか落ちなかったのです。また、汚物を拭った端布を縫い合わせたものだったりしたからです。

当時は、出家するときに全財産を家族に置いていくか地元の人に寄付しなさい、という決まりがありました。全財産を寺にお布施として出させる現代の新興宗教のようなことはいっさいなく、逆に、財産を寺に持ってこられては困るという立場です。なぜかといえば、寺などないからです。

当時のお坊さんは、地面に寝転がり、午前中は托鉢し、1日1食の食事をし、あとは修行という毎日です。そのため、釈迦の弟子は泥棒にあったためしがありません。

それが、徐々に「上座と呼べ」という時代に移り変わっていきます。そのため、保守的な上座部に対抗する大衆部《だいしゅぶ》が生まれ、両者のいわゆる仏教教団の「根本分裂」

が起こります。

大衆部が大乗仏教の源流であるとする説には、若干の異論もあるようですが、こうした上座部への反目が、生きとし生けるものみなを救うというムーブメントとして結実していったと考えられます。

当時、釈迦にゆかりのあるものに特別なパワーが秘められ、それに触れると利益があると考えられていました。一番ゆかりがあるとされたのは荼毘《だび》にふされた釈迦の遺骨で、それが仏舎利です。

その仏舎利を祭っているものをサンスクリット語でストゥーパ（卒塔婆《そとば》）といいます。その周りに集まって釈迦の教えを説く、いわば墓守のような人たちがいたのですが、そうした人たちが大乗ムーブメントの中心になりました。そのなかで主流派がいくつかに分かれ、『法華経』を説く人たち、『華厳経』を説く人たちという具合に、いくつかの大乗経典が生まれていくわけです。

大乗仏教はこのように、ふんぞり返っているバラモン出身の仏弟子ではなく、ストゥーパの周りに集まって大衆にお話を聞かせる、いわば「話師」たちが大衆とともにつくりあげてきた流れです。

どのような宗教もそうですが、それが教祖を離れて独り歩きするようになると、組織としての強化と防衛の論理が働きはじめます。いわゆる「根本分裂」にも、信徒がそもそもの教えとは異なる方向に進み、より多くの信者を巻き込んだ権力闘争の場に堕してしまう力学が働いたといえるでしょう。

釈迦はマントラを否定した！

もちろん、大乗仏教側の論理は、自分が悟ることしか考えていない当時の上座部＝小乗仏教とは一線を画し、大乗は人々みんなに悟らせようという理想があったこともたしかです。だから、大乗とはマハヤーナ、大きな乗り物のことを意味し、いっぽうの小乗はヒマヤーナ、小さな乗り物なのです。

もっとも、世間一般には、釈迦の教えは元々は小乗で、死後５００年経ってから大乗になったという教え方がありますが、それは誤りです。釈迦の教えは最初から大乗であり、それが大乗仏教の時代になってようやく理解されるに至ったと考えるべきです。

いわば釈迦の教えに先祖がえりした大乗ムーブメントですが、大乗にも大きな欠点が生まれます。

ひとつは、**釈迦の教えをサンスクリット語で記述するところから始めてしまったこと**です。

釈迦はそもそも、マントラを否定していました。一言でいえば、マントラとは呪文です。わけのわからない呪文を唱えても何にもならないと、釈迦は教えています。ところが、当時から古語であり、文語でバラモン以外は理解不能なサンスクリット語で書かれたものを意味もわからずに唱えることに終始したため、仏教は、大衆にとって呪文の宗教になってしまいます。

また、「**体感**」**というもうひとつの問題**も生じました。

釈迦の教えは「空」であり「縁起」ですから、それをどのように正しく教えられるかについては、いくらでもアプローチがあります。しかし、それはよしとしても、そのアプローチから体感という概念が消えていってしまいました。

どういうことかというと、そもそも釈迦の修行は、頭と体の両方を使います。ヨーガと同じで、頭だけでなく、身体で理解できなければダメです。

ところが、大乗仏教では、お経をいかに暗記するか、もしくはそれをいかにマントラのように唱えることができるかが修行になってしまいました。**その結果、空を体感するという釈迦の教えが、たいへんおろそかにされてしまいます。簡単に言えば、仏教の基本である瞑想《めいそう》の部分がなくなってしまったのです。**

対する現代の上座部仏教では、瞑想修行を守りつづけています。

ある時期から、大乗仏教でも、いろいろな形で瞑想修行が復活してきます。そのひとつの形が禅といえます。

釈迦の思想を骨抜きにした超大国・中国

この点で、日本に伝わってきた仏教は、さらにこれが顕著です。

仏教はインドからアジアのいくつかの地域に伝わりますが、日本に伝わったのは中国経由の仏教です。

中国には早いうちから仏教が伝わり、中国でそれが一番流行《はや》ったのは、日本でいえば平安時代のころのことといえるでしょう。当時、日本からは、最澄、空海が海を渡って中国に仏教の勉強に行っています。

ここで重要なことは、仏教は、中国がインドから輸入した瞬間に、道教に変わっていることです。

中国には当時、儒教と道教がありました。

儒教と道教の関係は、インドのバラモン教とヒンドゥー教の関係と同じと捉えるとわかりやすいでしょう。

インドでは、バラモン教は支配階層の宗教で、ヒンドゥー教は非支配階層のそれです。ヒンドゥー教は迷信の集まりのような宗教ですが、とはいえバラモン教というバックボーンがあるわけです。

同様に、中国の儒教は、孔子を始祖とする支配階層の思想体系です。対する道教は、老子、荘子の道家が体系化した宗教思想体系です。道教は、儒教的な教義を持ちつつ、そこに世俗のさまざまな迷信を集めています。

「経」という言葉は、もともと中国の儒教の言葉であり、また道教においても「経」という概念があります。儒教において「四書五経」という言葉があることからも、そのことがわかると思います。道教では、「経」というのはもともと「タオを記述する書」という意味なのです。

釈迦の教えは、中国で「華厳経」「法華経」「大般若経」という形に改められます。鳩摩羅什《くまらじゅう》＊や玄奘三蔵《げんじょうさんぞう》＊などによってサンスクリット語をすべて漢語に翻訳すると、オリジナルのサンスクリット語の経典をすべて捨ててしまったと伝えられています。

読み比べればわかることですが、般若心経については、もともとインド起源ではなく、中国で最初から呪文としてつくられ、後からサンスクリット語に翻訳されたのではないかという最近の研究があるほどです。オリジナルの経典を道教的に解釈した部分は、決して少なくありません。

つまり、**中国で「経」になったとたんに、釈迦の教えは「タオの書」に変わってし**

＊鳩摩羅什　中国の南北朝時代初期に仏教経典を訳した僧。最初の三蔵法師。玄奘とともに二大訳聖と呼ばれる。

＊玄奘三蔵　中国・隋の時代に生まれ、唐代に活躍した中国の訳経僧。インド旅行記を『大唐西域記』としてまとめ、のちに伝奇小説『西遊記』のもととなった。

まいました。釈迦の「アプリオリなもののはない」という宗教が、中国の「アプリオリなもののはあります」という宗教に、その本質をごっそり入れ替えられてしまったということです。

中華思想の超大国が外国の文物をこのように取り扱ったことは、驚くには当たらないかもしれませんが、私たちが釈迦を理解し、仏教を理解する上で、これはたいへん重大な問題です。

日本人がオリジナルな仏教の教えを知ったのは最近のこと

このように、**中国から日本に入ってきた仏教は、道教化された仏教と儒教が混じり合わさったものでした。**その証拠に、位牌《いはい》の概念がいまだに受け継がれています。もともと仏教に位牌などなく、それは儒教や道教に固有のものなのです。

こうしてみると、804年に最澄、空海が唐に渡って学んだ時代の中国の仏教はすでに道教化された仏教だったということがわかります。

歴史的認識に欠ける現代の日本では、日本に伝わった大乗仏教を正統な仏教であるかのように認識しています。

しかし、これはたいへんな誤解です。日本に伝わったのは仏教ではなく、道教化された仏教です。それは仏教というよりも、道教もしくは儒教といったほうがいいくらいでしょう。もしくはバラモン教という密教というべきでしょう。

私がこうした趣旨の発言をすると、仏教界から寄せられるのは、決まって次のような反論です。

「仏教はその昔インドで起こり、その後イスラム軍の侵攻によってオリジナルの仏教は滅びた。そして、日本で守られてきた大乗仏教は、たいへん正統なものである」

これは、日本の仏教界でのみ通用する見解といわなくてはなりません。なぜなら、イスラム軍の侵攻によってインドで仏教が滅びたものの、当時の北インドや東インドに住んでいた偉い僧侶たちは、みなネパールやチベットに逃げ込んで生き残りました。そして、彼らは、その地で仏教を伝えました。

つまり、**仏教に対する世界的なコンセンサスでは、オリジナルの正統な仏教をいまに伝えているのはチベット仏教であり、また釈迦の時代から南に伝わったオリジナルの仏教がパーリ語で現代までスリランカなどに伝わっている、という認識です。**日本の仏教が正統な仏教であるというのはかなり無理があります。

もちろん、チベット仏教も半分は、つまり密教の部分は、正統な仏教ではありません。密教の部分は、バラモン教もしくはもともとチベットにあったボン教に由来するものです。したがって、チベット仏教は、バラモン教の特殊なワザが混入したタイムカプセルみたいなものだ、と認識すればわかりやすいはずです。

釈迦のオリジナル仏教に、たいへん古い密教的要素が同居しているところが、チベット仏教が世界の研究者をとらえて離さない魅力でもあるわけです。

ここで指摘しておかなければならないのは、釈迦の「空」の教えを日本人がはじめて知ったのは、昭和になってからの話だという事実です。

道教には、「空」ではなく、「無」の教えがあり、それが「タオ」とともに日本に伝わりました。それが長らくの間、「空」の概念がたいへんに難解であるという誤解を生む原因になりました。道教の「アプリオリがある」という教えと、オリジナル仏教の「アプリオリはない」という教えを両立させようとすれば、本質的な混乱が生じるのは当たり前の話でしょう。

さて、19世紀の末に、チベットで大量のサンスクリット語の大乗経典が西洋人に発見されます。これは、チベットの寒冷かつ乾燥した風土ゆえか、腐らずに残っていた**オリジナル経典**です。

最初にフランス人が、それをフランス語に翻訳し、次にフランス語訳がドイツ語と英語に翻訳されます。その英語訳版が日本語に翻訳されたのが、昭和に入ってからのことです。つまり、日本人はそのとき、はじめてサンスクリット語で書かれたオリジナル経典の日本語訳を読むことになるのです。

すると、そこには「空」についての記述があるし、「アートマンも空だ」ということも書いてあります。「タオ」のようなアプリオリなものを、徹底的に否定する内容になっています。**釈迦の教えが「そこまでハードコアなものだったのか」と、日本人**

ははじめて知らされるわけです。

そして、昭和の日本で仏教学が突然、盛り上がっていくのです。

『チベット死者の書』とオウム真理教

歴史的にチベット仏教を眺めると、比較的早い段階に何人かの仏弟子がチベットに行って布教しています。チベットには古くから、ボン教、マニ教などと呼ばれたシャーマニズムがあり、これと習合したインド密教がニンマ派*と呼ばれる宗教です。

そして、13世紀初頭にインドにイスラム軍が侵攻すると、インド後期密教の総本山であったヴィクラマシーラ寺の座主シャーキャシュリーバドラが、多くの高僧たちとチベットに逃れ、仏教の総本山がインドからチベットに移りました。オリジナルな仏教は、このような経緯によって、イスラム侵攻により本格的にチベットに伝播します。そして、サキャ派、カギュー派などが継承していくわけです。

チベットに主流派がやってきたとき、すでにチベットにいた僧たちは、自分たちが

*ニンマ派　チベット仏教の一宗派。古タントラ（古訳密教経典）に依拠する古い宗派。

つくった経典をわざわざ土に埋めました。なぜかというと、逃げ延びてきた正統派の偉いお坊さんたちに、自分たちが教えているのが間違ったことだと糾弾されることを恐れたからでしょう。そして、土の中を掘れば釈迦のオリジナル経典があると主張し、特にニンマ派の正統性が主張されたのです。

そのとき埋められた経典のひとつが、中沢新一氏*がとりあげた『チベット死者の書』*です。それは埋蔵経典なのですが、なぜかまるでオリジナル経典であるかのような番組がNHKなどによって作られました。『チベット死者の書』では、あの世の歩き方とか、死んだ後にこうしろとか、臨終のきわでしゃべるわけですが、それはシャーマニズムならではの世界であり、釈迦の教えである仏教の世界とはまるで違います。

ただし、当時の亡命政権である主流派も、既に何百年もチベットに根を下ろしたニンマ派との衝突をさけるために、ニンマ派の僧侶たちをカギュー派などの主流派に取り込み、ニンマ派も本流の知識を吸収していきます。

そして、その後に、ゲルク派*といういまの主流派が生まれます。ゲルク派というの

＊中沢新一（1950－　）日本の哲学者、思想家、人類学者、宗教学者。チベット密教に造詣が深く、オウム真理教に関する発言に対して、一連のオウム事件後に批判を浴びた。

＊『チベット死者の書』チベットに密教をもたらしたパドマサンバヴァが著し弟子が山中に埋めて隠したものが後代に発掘された書。英訳され世界的なベストセラーとなった。

＊ゲルク派　チベット仏教四大宗派の一つで、チベット仏教最大の学僧であるツォンカパの開いた宗派。

は、現在のダライ・ラマの宗派です。

仏教がなぜ密教を取り入れたかについては、私は、信者を獲得するための方便だっただろうと考えています。というのは、バラモン教が超能力をやれば、仏教も対抗上、それをやらざるをえません。布教のために、両者は超能力合戦をくり広げました。それがヴィクラマシーラ寺におけるインド密教の最後の姿であり、いろいろなとてつもない超能力ワザが用いられ、それがチベット経由で現代に伝わっているわけです。

また、釈迦の「空」、つまり「この世はすべて幻だ」ということをよく教えるためには、どこの誰よりも幻を上手に生み出す能力を持っていたほうがいいと判断したともいえます。

なぜなら、誰かのマジックを見破り、「ほら、これはマジックだよ」と指摘する最強の方法は、自分が一番上手なマジシャンになることだからです。それが、中後期仏教が密教を許した理由と考えるのが妥当だと思います。

ですから、チベット仏教の歴史は、そのままインド仏教の歴史ととらえることができます。イスラム軍が侵攻しなかったとしても、釈迦の教えは同じようなコースで密教を進化させていったのではないかと考えられるからです。

チベット仏教はこのように、釈迦の教えと釈迦とは異なる密教が両立しています。そして、その釈迦の教えの部分に世界の仏教学者は注目し、釈迦ではない部分にオウム真理教が注目したわけです。

このように考えていくと、日本の仏教は仏教の歴史の埒外《ちらがい》にある、ということがわかります。当然、日本の仏教は、釈迦の本来の教えからは大分ずれていました。実際それは道教や、老荘思想にもとづいた宗教であったからです。それが昭和以後になって、「空」を学んだ学僧や宗教学者によって釈迦の仏教を研究し直しているのが、現在の日本の仏教です。

そのことは、日本の仏教修行を見ても、よく表れています。

お経を唱えることに利益があるとする方法論が確立するにつれ、日本の仏教からは、釈迦が重視した「空」を身体で徹底的に悟るという「体感」の教えがどんどん消えていきました。

仏教修行において、体感は非常に重要なポイントです。ちゃんとした日本の寺では、走ったりスクワットをやったり、さまざまな肉体修行をもしますが、それは往々にして、苦行を行うという間違った考え方にもとづいています。

釈迦は、苦行を徹底的に否定しています。釈迦は、悟りを開く前に、餓死する寸前まで徹底的に苦行を行い、行き倒れます。そこでスジャータという女の子にお粥《かゆ》をもらって生き長らえ、その結果、菩提樹《ぼだいじゅ》の下で悟ります。そして、苦行がいかにムダなことか、徹底的に語っているのです。釈迦がムダであるとした苦行を、多くのお坊さんたちはそれが正統な修行であるかのように実践しています。代表的な例は「荒行」でしょう。自分たちの宗祖が釈迦であるとするなら、宗祖が否定した苦行をつづけなければならない理由がどこにあるというのでしょうか。

釈迦がいう修行は、瞑想です。瞑想体験で空を体験するという方法論もちゃんとありますし、それはチベット仏教にも伝わっています。日本では、滝に打たれたり山にこもったりの仙人修行的なメンタリティが強く、苦行と釈迦のいう修行を決定的に取り違えているのです。

涅槃への中間地点として生み出された「浄土」

また、前に指摘したように、日本の仏教は中国で生まれた儒教化、道教化された仏教です。そのため、いくつものオリジナルにはない概念が混入しています。

そのひとつが**「浄土」*の概念**でしょう。浄土という概念が生まれた背景を考えると、日本の仏教に生じているオリジナルとのずれが、よりくっきりと浮き彫りになります。

浄土信仰が仏教に入ってきたのは、バラモン教から密教を取り込んだのと同様に釈迦の入滅後600年以上たって、インドで大乗経典が成立する過程でバラモン教から「神」の概念を取り込んだところから始まっています。

浄土教と呼びますが、中国でつくられたと見られる観無量寿経というお経に見られ

＊浄土　一切の煩悩や穢れを離れた、清浄な国土。仏の住む世界。極楽浄土。

るように、浄土という本来の仏教にない場所が想定された思想が中国で発展します。

なぜ仏教にないのかといえば、**仏教では、娑婆《しゃば》のほかにあるのはニルバーナ、つまり涅槃《ねはん》だけ**だからです。ご存じのとおり、娑婆はこの世のこと。涅槃とは悟りの境地であり、あの世のことです。

ところが、涅槃に行こうにも、そこはあまりにも遠い道のりであるため、この世と涅槃の間に、浄土という中間的な場所を用意しました。

戒名は、法名ともいって、あれは「あなたは仏弟子になりました」という印です。ですから本当ならば、生きているうちに戒名、法名をつけて仏弟子になっていなければならないのですが、ほとんどの人は仏さまと縁がないため、死んでからあわてて周りが戒名をつけてあげるわけです。

戒名をつけてもらっても、それは仏になったのではなく、仏弟子になっただけです。これから、あの世で何らかの修行をして、「がんばって仏陀になってね」ということです。

ただ、それだとたいへんそうだから、中国で発展した浄土教という新しい宗教では、浄土という中間的な場所を創作します。

その教義では、浄土には阿弥陀さんという如来がいることになっています。如来というのは仏陀ですから、いつでも涅槃に戻ることができるのですが、残りの人たちを助けてあげるために、わざわざ浄土で待っている存在です。釈迦如来が仏陀でありながらわざわざこの世に来てくれた存在とされることを考えれば、**阿弥陀如来は、涅槃から浄土に派遣されてきた仏陀の1人**といってもいいでしょう。

そして、死んだ後に仏弟子になって浄土に行くと、阿弥陀さんが一緒に修行をしてくれます。阿弥陀さんはたくさんの誓いをしていますが、そのなかに、すべての者が悟るまで私はここで待っています、というのがあります。阿弥陀の本願というのですが、そういうありがたい存在です。

そうすると、仏弟子になったばかりで修行のしかたがわからない人でも、阿弥陀さんの本願によって、一気に仏陀にしてくれます。修行に時間はかかるかもしれませんが、浄土には時空がないため、一瞬で悟るのと同じことです。そういう中間のトレーニング場が、浄土というわけです。

大乗の仏教においても、バラモン教的な宗教観が残っており、それが六道輪廻という概念として入り込んでいます。涅槃に行くまでに六道をぐるぐる回り、たとえば悪いことをすると餓鬼界に行きますよ、という考え方です。それが、生まれ変わりという概念に結びついていきます。

それはあくまでバラモン教的な論理であり、仏教の本質は「空」ですから、涅槃というのは空を悟った人がいる世界であり境地のことで、場所のことではないわけです。

ただ、宗教が組織化していくさいに、誰もが行きやすい浄土という概念はたいへん便利でした。それを日本では平安時代に、法然が浄土宗として体系化します。

なぜ、南無阿弥陀仏と唱えるのか?

当時、すでに浄土思想は日本に伝来していました。

そのなかで、阿弥陀さんと縁を結ぶために行われていたのは、臨終の床に阿弥陀仏の仏像を置き、仏像と死に行く人の手を赤い糸で結ぶことです。

赤い糸というのは道教の概念で、両者の間に縁を結ぶための儀式です。そうすることで、阿弥陀さんに縁ができたから阿弥陀浄土に行けますよ、という意味を持たせていました。

そのころの仏像は、宋からの輸入品がほとんどで、非常に高価なものです。日本人の仏師がいても、彼らの手によるものは王侯貴族にしか手に入りません。

そこで、仏像でなくても、仏画でもいいということになります。臨終の床に仏画を置いておけば阿弥陀さんと縁が結べるという具合に、条件緩和が行われたわけです。

しかし、よほどの大金持ちでなければ、仏画も手に入れることはできません。

法然はそこで、みなを浄土に行かせてあげるためにはどうしたらいいか悩み、中国の経典をつぶさに調べていくうちに、「感無量寿経」の解釈者である善導大師*の書いた「観経疏《かんぎょうしょ》」に**「阿弥陀仏の名号を念ずれば往生できる」**という一節を発見します。それが法然の**称名念仏**に結びついていきます。

そもそも念仏というのは、仏さんのイメージを念じること、つまり瞑想法のことで

*善導大師　浄土思想を確立した中国浄土教の僧。終南大師、光明寺の和尚とも呼ばれる。

した。

いっぽう称名念仏は、仏さんの名前を唱えると同じ効果がある、とするものです。

それはもともと中国にあったものですが、日本では法然が最初にそれを導入しました。つまり、枕元に仏像や仏画がなくても、「南無阿弥陀仏」と口で仏さんの名前を唱えると、阿弥陀さんと縁ができ、阿弥陀さんが浄土で待っていてくれますよ、ということです。

歴史的に見ると、法然の称名念仏は大勢の人を救ったかもしれませんが、仏教に副作用ももたらしました。そのために、仏さんの名前をたくさん唱えたほうがいいという価値観が生まれ、それをやればやるほど効果が上がる苦行の一種として捉える人が現れました。現代においても「なんまんだ、なんまんだ」とくり返し唱える行為に、それが見て取れます。それは釈迦が否定した苦行であるだけでなく、いくら名前を唱えても、いっさい釈迦の教えを理解する役には立ちません。

こうした中国浄土教の論理から親鸞*は、大乗仏教をキリスト教レベルの世界宗教の論理に引き上げました。

＊親鸞（1173－1262）鎌倉時代前半から中期にかけての日本の僧。浄土真宗の宗祖。

親鸞が展開したのは、阿弥陀の本願から出発した考え方です。

阿弥陀如来は本願で、「生きとし生けるものすべてが悟るまで、私は浄土で待っています」といっています。

そこで親鸞は、「阿弥陀さんがそこまでいっているということは、つまり、あなたがすでに救われているということです。あなたが『南無阿弥陀仏』と唱えるのも、それは縁があるから、阿弥陀さんにいわされているのです」という論理を展開します。ゆえに、念仏は一言唱えるだけでいいし、口に出さなくてもいいのだ、と教えるのです。

親鸞の考え方は、キリスト教の神の無償の愛と同じです。それは、お母さんは自分の子どもがいい子だから愛するわけではなく、悪い子でも同じように愛するのと同じです。愛には、条件がつかないのです。

イエス・キリストが、神の愛が人間に対して無条件だと教えたのと同じように、親鸞は、阿弥陀さんも無条件に受け入れてくれるということを教えました。だから、100回唱えても、1回も唱えなくとも、結果に差はないとしたのです。

親鸞の教えは、世界宗教になりうるだけの力を持つ慈悲の思想です。その意味では、本質的な部分でキリスト教と似ているといわれています。

しかし、親鸞の考え方は、もともとの仏説とは異なります。あの世が怖い、死ぬことが怖いと考えている人々にとって、たとえどのような人でも浄土に行けるとした親鸞の思想はたしかに救いだったことでしょうが、それはあるがままの人間を手放しで肯定する、新しい宗教の成立だったといえるでしょう。

それは、釈迦が教えた「すべてのものは幻である」という考え方とは、ずいぶん思想的には離れたものです。釈迦は、人間は無条件の愛によって救われるから安心しなさいといったのではありません。私たちが抱く恐怖心も、焦りも、はたまた興奮も歓喜も、さらには如来さえもすべてが関係性のなかでのみ成立する「空」であることを悟り、その悟りによって安らかな心を持ちなさいと教えました。

いまこそ釈迦のメッセージに耳を傾けるべき時代

釈迦の教えは、神が人間に寄せる無条件の愛といった、人間の心に強烈に突き刺さる幻想を売り物にはしていません。むしろ、人間にまとわりつくそうした幻想を徹底的に剥《は》ぎ取り、その足かせや頚木から自由になることを教えています。

その意味で、**宗教的には非常に貧弱かもしれませんが、神の存在が科学によって正式に否定されたいま、思想的には非常に強烈な生命力を放ちつつあります。**

宗教は、本質的にはこの21世紀には不要なものです。

ところが、世界はいまだに暗黒時代であり、とくに日本は、いまなお平安時代の闇が支配しているようなものです。そのため、国家の繁栄や世界の経済システムの維持発展というありもしない価値のために、人々は争い、人間不信は広がり、権力者による収奪はつづき、戦争も絶えません。

私には釈迦が、「はやく宗教を必要としないところまで大人になれよ。2500年もの間、お前たちは何をやってきたのだ」と促しているようにも思えます。

神は死んだ——。

私たちは、この事実と正面から向き合って、21世紀の社会を根本から、まさにゼロベースで考えていかなくてはならないのではないでしょうか。

そうすれば、近い将来、21世紀の地球に、「コペルニクス的転回」が訪れることになるかもしれません。

第5章

現代に続く「日本教」は いつ生まれ、どこへ向かうのか？

「日本の宗教」とは何か？

日本の宗教がどのように形成され、今日に至ったのか。日本の宗教状況を正しく把握することは、政治や社会を理解する上で欠かせません。

ところが、戦後生まれの日本人で、宗教的に見た日本の成り立ちを理解している人は稀です。

じっさい、「あなたの家の宗教は何ですか」と尋ねられて、即座に何々教ですと答えられる人がどれくらいいるでしょうか。核家族化が進み、コミュニティのつながりが薄れるにつれ、日本人は伝統的な宗教からどんどん距離を置くようになっていきます。

日本では憲法で信教の自由が認められ、国教、つまり国家が決めた宗教というものはありません。信教の自由は、どのような宗教を信仰してもいいし、宗教を信じなくてもいいという権利ですから、煩わしい人間関係に縛られたくない都市生活者が伝統的な宗教から離れていくのは当然かもしれません。

しかし、**宗教とは無縁の生活を営んでいるからといって、日本の宗教を理解しなくていいということにはなりません。**

宗教は、見えないところで私たちの人生や生活を縛っているからです。

そもそも日本人は、日本にあったもともとの宗教をよく知らないと思います。

少し知識のある人は「古神道でしょ」と答えるかもしれませんが、それがどういう宗教であったかという点になると、首をひねることでしょう。もちろん古神道は体系的なものではありませんでしたし、その全体像を伝える歴史資料があるわけでもありません。ですから、専門に研究した人でもなければ、わからなくて当たり前の話でしょう。

一般に、古神道は「八百万《やおよろず》の神」を崇拝する自然崇拝や精霊崇拝と理解され、多神教であると捉えられています。万物に神が宿るというわけですが、じっさいは一神教です。

全ての八百万の神は姿形のない根源的な神の現れと見ます。神道には鏡や依り代*のような神を示すものはありますが、本来の意味での多神教的な神そのものの姿はありません。ですから、一神教もしくは汎神教というべきものです。

信憑性を増してきた「日ユ同祖論」

話は変わりますが、ここ10年から20年ほどの間、折にふれ**日ユ同祖論***がマスコミの話題にとりあげられています。

ご存じのように、日本にはどう考えてもユダヤ教の痕跡としか思えない歴史的遺物があちこちに残っています。そこで、**日本人は失われたユダヤ10部族のうちのひとつなのではないか**と言われ始めました。

イスラエル王国*には、もともとユダヤ12部族が存在していたといわれています。

そのイスラエル王国は紀元前922年ごろ南北に分裂し、北王国は紀元前722年にアッシリア帝国*に、南王国（ユダ王国）は紀元前586年に新バビロニア*に滅ぼさ

*依り代　樹木、岩石、動物など神霊が寄りつくもの。

*日ユ同祖論　日本人とユダヤ人（古代イスラエル人）は共通の祖先を持つ民族であるとする説。

*イスラエル王国　紀元前11世紀から紀元前8世紀まで古代イスラエルに存在したユダヤ人の国家。

*アッシリア帝国　紀元前663年にオリエント全域を最初に統一した世界帝国。紀元前612年に滅亡した。

*新バビロニア　紀元前625年にカルデア人（バビロニア人）がアッシリア帝

れてしまいます。これ以降、ユダヤ民族は１９４８年にイスラエルを建国するまで、二千数百年にわたって国を持たない民族になりました。

この南北イスラエル王国の崩壊によって、ユダヤ12部族のうちの10部族はアッシリアや新バビロニアに連行されました。その後、彼らは世界をさまよい、東へと移動。中央アジア、中国へと到達したといわれています。

彼らが中国にわたってきたとすれば、東の果てである日本にやってこなかったはずはありません。当時、日本と大陸の間の交易は盛んでしたし、日本が隋に朝貢を行っていた史実を挙げるまでもなく、それ以前から政治面でも大陸と強い結びつきがあったからです。

現代に日ユ同祖論が盛んに取り沙汰されるようになったのは、日本人はどこからきたのかという興味の尽きない関心とともに、もうひとつの理由があります。

それは、**イスラエルの調査機関アミシャーブが１９７５年以来、失われた10部族の調査を行い始めたことです。**アミシャーブはイスラエルの国家機関ではありませんが、その活動は国家予算で支えられています。この調査結果などにもとづいて、アリ

国を滅ぼして再建した王朝。エルサレムを破壊して住民を首都バビロンに移した。

エル大学教授のアビグドール・シャハン博士という人物が『失われた十部族の足跡〜イスラエルの地から日本まで〜』を著し、日本でも2013年に翻訳出版されました。

つまり、日本人が興味本位にミステリーを想像していた時代はすでに過ぎ、イスラエルの人々が日ユ同祖論にきわめて高い信憑性を与える時代に入っているわけです。

そして彼らの関心は、日本人のDNAを調べる科学調査はもちろんですが、古神道の理解にも向かっています。

カタカナの起源は古代ヘブライ語だった?

いまから30年余り前の1980年代半ば、アメリカに留学中だった私は、ユダヤ人のガールフレンドとその父親の哲学教授から、ヘブライ語*とカタカナの類似性について指摘を受けたことがあります。

彼女の父親はフェルマーの定理が大好きという人物で、私もフェルマーの定理は好

*ヘブライ語　古代パレスチナに住んでいたヘブライ人(ユダヤ人)が母語として用いた言語。

きでしたから、彼女の家に遊びに行くと父親と過ごす時間のほうが多いくらいで、一緒によくフェルマーの定理を解いていました。

あるとき、日本語にはカタカナと呼ばれる字があるという話になり、「ほう、それは面白いね」ということになりました。私がいろいろな日本語をカタカナで書いて見せていると、じっとそれを眺めていた彼女が「これはヘブライ語よ」と言ったのです。

カタカナというと現代ではほとんど外来語表記に使われているため、日本人は、ともするとカタカナが長い歴史を持つ表記法であることを忘れがちです。いつカタカナが生まれたかという点について確定的な説はありませんが、7世紀ごろの木簡や竹簡にカタカナの使用を認めることができます。漢字の一部をとって表記したというのが、これまで考えられてきたカタカナの成り立ちでした。

ところが、彼女は**カタカナがヘブライ語起源の表記法に違いない**と言い始めました。その証拠に、私の名前のカタカナ表記「ヒデト」はヘブライ語でもそう読める、というのです。**調べてみると、正確に1対1対応ではないのですが、カタカナは古代**

ヘブライ語にとてもよく似ています。

お父さんのほうは大戦中に亡命したポーランド系ユダヤ人ですが、彼女は言うまでもなく戦後生まれで、イスラエルのキブツ*で育ちました。成長とともに失われた10部族に対する国内の関心が高まっていった世代です。彼女は、イスラエル古代史や古代ヘブライ語にも通じており、部族のひとつが日本に渡ったとする研究者たちの論文も読んでいました。

日本では、戦前に日ユ同祖論に対する関心が高まった時期がありますが、戦後にその存在はすっかり忘れ去られていました。いまの日ユ同祖論ブームともいえる現象は、アミシャーブがその調査に当たっていることが広く知られるようになった90年代半ば以降のことといえます。

ガールフレンドとその父親から指摘を受けた私は、戦後の日本人が日ユ同祖論に関心を寄せ始めるよりも10年以上早く、イスラエルと日本との間にある奇妙な文化的一致に気づくことになりました。

*キブツ　イスラエル建国運動において形成されたイスラエル独特の集団農業共同体。

あまりに似すぎている「日本の神道」と「ユダヤ教」

イスラエルでこうした研究が行われるようになったのは、20世紀にイスラエルが再建され、国として経済力がつき、ユダヤ人たちに祖先のことを真剣に解明しようという機運が起こったことが発端でした。そして、失われた10部族の調査に政府が予算をだしたことで、学者が熱心に調べるようになりました。

日本の研究者たちも、その動きに呼応する形で、日本人の視点から調査を行うようになりました。そして、**日本の神道があらゆる点でユダヤ教と非常によく似ているという証拠**が出てくるようになったわけです。

私自身は、十分に研究したとはいえませんが、失われたユダヤ10部族のひとつが日本に到達したことはほぼ間違いないと考えています。

たとえば、「いろはにほへと」や君が代の「ちよにやちよに」に古代ヘブライ語でちゃんと文章的な意味を与えることができます。そこまでいくと「本当かよ」という気がしないでもありませんが、彼らが著した本を読むかぎり、少なくともすべてを否定することはできそうにありません。

ほかにも、たとえば日月神示（ひふみ神示）の祝詞はすべてヘブライ語で意味の通る内容になっていること。あるいは、神社の神官の装束も古代ユダヤ教の祭司のそれと多くの共通点があること。さらに、日本の神社の建物の形式や配置が古代ユダヤ教の神殿のそれと合致すること。

あるいは、有名なところでは、八坂神社（祇園社）の「ヤサカ」という言葉自体がヘブライ語で「神を見る」を意味する「ヤーサカ」であること。祇園は、エルサレムの丘の名前であるシオンに音がよく似ていること。また、ヘブライ語のイスラエルは「平安の都」という意味であり、平安京の「平安」はまさにエルサレムであると解釈できること。

こうした説に対して、こじつけという批判もあります。ここ10年、日ユ同祖論がテレビのワイドショーレベルで興味本位に扱われてきたため、色眼鏡で見られても仕方がないのかもしれません。しかしながら、一歩も二歩も距離をおいて眺めたとしても、祇園祭とヘブライの祭りが瓜二つといえるほど似ている点をどう解釈すればいいのか、という類いの問題はたくさん残ってしまいます。

祭りというのは、きわめて土着的なイベントです。それが酷似しているということは、歴史的に見て民族的な同一性があるか部族間の交流が盛んだった地域の間でしか認めることができません。

イスラエルと日本とは、直線距離にしておよそ９２００キロメートルの隔たりがあります。その点を考慮すれば、「共通点が多い」「酷似している」ことそのものが、歴史的に何らかの結びつきがあったことを強烈に物語っているると見なくてはウソでしょう。

日ユ同祖論の日本側研究者たちの考えでは、日本の成り立ちは邪馬台国の卑弥呼ではありません。邪馬台国は大陸から渡ってきた中国の民族がつくった部族国家であり、それゆえ中国の歴史書『三国志』に「邪馬台国」の記述があるわけで、少なくとも天皇家の祖先ではないという論理を展開しています。

邪馬台国は２世紀から３世紀に存在していた部族国家ですが、そのころの日本列島には、たくさんの部族国家がありました。その証拠に、日本では各地に数多くの遺跡や古墳が残っています。これらは旧石器時代から古墳時代にかけて栄えた部族国家の痕跡で、**大和朝廷も朝廷として君臨する以前は部族国家のひとつだったと考えられます。**

そして、大和朝廷につながる部族国家は、邪馬台国が成立するよりもはるか以前に日本にやってきたユダヤ部族だったと、彼らは推論します。ユダヤ人たちは、日本の土着民族とごく自然に混血し、それがいまの天皇家の先祖になったというわけです。

この推論が正しいかどうかは、天皇家のDNAを調べればすぐにも判明することです。もちろん、天皇家が自分たちのDNAの公式調査を承諾することは、いまのところ期待できません。

ですが、日本人のDNAをある程度の規模で調べれば、古代イスラエル人のDNAが混じっているかどうかはわかると思います。世界情勢が落ち着きを取り戻せば、いずれそのような調査が行われる日もやってくるのではないでしょうか。

いまだ謎に包まれる「三種の神器」のルーツ

神道と古代ユダヤ教の結びつきを示す数々の痕跡は、その昔から知る人ぞ知る事実でした。日本人が広くその事実を知るようになったのは、昭和28年に発表されたある新聞記事がきっかけでした。

当時、朝日イブニングニュース社が発行していた英字新聞に『Tokyo Evening News』というのがあったのですが、同紙1月26日付に、こんな見出しの記事が掲載されました。

「Mikasa Will Check the Hebrew Words on the Holy Mirror!」
（神鏡のヘブル出所説を三笠宮氏が調査！）

記事には、「昭和天皇の弟である三笠宮崇仁親王殿下が八咫鏡《やたのかがみ》を調査！」と記されていました。

八咫鏡とは、三種の神器「鏡・玉・剣」の鏡です。ちなみに、玉と剣はそれぞれ八尺瓊勾玉《やさかにのまがたま》、草薙剣といいます。それらがどこにあるのかといえば、八咫鏡は伊勢神宮の皇大神宮に、草薙剣は熱田神宮にそれぞれ御神体として奉られ、八尺瓊勾玉は吹上御所の「剣璽の間」に安置されています。

なぜ八咫鏡の調査が新聞の見出しになるような話なのかといえば、理由は2つあります。

ひとつは、三種の神器が見ることを許されていない謎に包まれた存在である、という点です。

たとえば、八咫鏡は伊勢神宮の神官でさえ、実物を見ることが許されていません。熱田神宮の神官も、草薙剣を見てはいけないわけです。もちろん、それは天皇陛下についてもいえることで、天皇陛下は三種の神器を実見なさっていないとされています。

ただ、実物を見ることはないとしても、それぞれにレプリカが存在します。ということは、レプリカを作製した人や関係者がいて、少なくともその人たちは実物を見ながらそれをつくったに違いないし、天皇陛下も出来上がったレプリカくらいは見ているのではないでしょうか。

このように三種の神器は、見ることを許されないほど畏れ多いものとされています。

もうひとつは、「八咫鏡の裏側にヘブライ文字が記されている」という噂が絶えない点です。

たとえば、明治前期の急進的欧化主義者で、初代文部大臣を務めた森有礼《ありのり》*が語ったという「**神鏡ヘブル文字説**」がその代表です。**文部大臣であった森は、伊勢神宮で八咫鏡を見る機会があり、そこに「我は有りて在るものなり」という意味のヘブライ文字が書かれていた、そのように森が語ったといまに伝えられています。**

天皇でさえ実見しない八咫鏡を見たというのですから信憑性を疑われるような話ですが、森は、どうやらこのあたりのことが原因で国粋主義者に暗殺されています。暗殺されたから本当だというロジックは成り立ちませんが、作り話にすぎないと切って

＊森有礼（1847－1889）薩摩鹿児島藩士出身の日本の政治家。第一次伊藤博文内閣の文相。帝国憲法発布の1889年2月11日に国粋主義者に襲われ死去。

捨てるには暗殺という事実が重すぎるのです。

単なるスクープでは済まされない三笠宮殿下の記事

こうした噂は戦後にも当然のように受け継がれ、一部の人々にとってはきわめて信憑性が高いと、研究の対象にされてきました。

そこへきて、「三笠宮殿下が調査！」と報じたわけですから、これはたいへんなスクープです。三笠宮殿下が実物を見聞するのだろうか、本当にそこにはヘブライ文字が書いてあるのだろうかと、事情に詳しい人たちはびっくりしたわけです。

記事をよく読めば、三笠宮殿下は「宮内庁に聞き取りをして、いずれ自分が調べることになろう」と述べただけですが、記事の見出しは天皇陛下でさえ実見していないものを調査するというニュアンスですから、宮内庁は上を下への大騒ぎだったのではないでしょうか。

それにしても、なぜ、このような記事が新聞に出ることになったのか。

きっかけは前年の「日猶懇話会」という団体の設立でした。

この団体は、日本とユダヤの関係を研究し親善を図ることを目的に結成されました。会長は、元海軍大佐の犬塚惟重。犬塚氏は、戦時中にナチスドイツの弾圧を逃れてきたユダヤ人たちを日本海軍が警備する上海租界に上陸させ、手厚く保護したといわれる人物です。特務機関の長でもあり、ユダヤ問題やフリーメーソン問題に造詣の深い、欧州事情の分析エキスパートだったと思われます。

そして、この団体の例会に三笠宮殿下が臨席しました。新聞記事になる前日の1月25日のことだったといわれています。そして、思うことをお述べになったのだと思いますが、やはりその場に出席していた『Tokyo Evening News』の支局長が、それを記事にしたわけです。

もちろん、その後、三笠宮殿下が宮内庁に聞き取り調査を行ったという話も、その結果何かが判明したという話も、いっさい音沙汰がなくなりました。

これだけなら、単にトンデモ話で片づくレベルかもしれません。しかし、１９７０年代にイスラエル政府予算のついたアミシャーブの調査が行われるようになり、**失わ**

れた10部族のひとつが日本にたどりついたたしかな痕跡がいくつも発見されたことで、森有礼の「神鏡ヘブル文字説」にがぜん真実味が増し始めました。そして、三種の神器そのものが古代イスラエルの文化である、ということもわかってきたわけです。

現代日本人の宗教観を解明するカギは奈良時代にあり

ところで、私たちが知るいにしえの日本の宗教観は、記紀*にもとづいて組み立てられています。仏の慈悲、神仏習合、あるいは八百万の神といった現代日本人が持つ宗教的概念が展開された始まりは、古事記であり日本書紀であるわけです。

記紀は、日本の神話や古代の歴史を奈良時代に編纂したものです。奈良時代というのは平城京（奈良）に都がおかれた710年から784年までをさしますが、この時代は仏教勢力が盛んに朝廷への政治介入を行った非常に特徴的な時代として知られています。781年に即位した桓武天皇が平城京から平安京へ遷都を決めたのは、あれ

*記紀　日本最古の史書とされる『古事記』と『日本書紀』の総称。

これ口やかましく政治介入を行う仏教勢力を排除することが最大目的だったともいわれています。

問題は、奈良時代がどうしてこのような特徴を持つ時代になったのか、ということでしょう。この点を理解すると、現代日本人の宗教観がどのような筋道をたどって生まれたのかという点が、よりくっきりします。

奈良時代の前といえば飛鳥時代ですが、このときに大きな事件が起こります。当時、日本の宗教は神道だったのですが、物部氏と蘇我氏の勢力争いの末に神道勢力が敗れ、仏教が神道に代わって支配宗教の地位を得るのです。

物部氏は、神武天皇よりも早く大和入りしたとされる饒速日命（ニギハヤヒノミコト）を祖先に持つ有力豪族で、当時、朝廷における祭祀を受け持っていました。

対する蘇我氏は、渡来系の士族と深い関係にあった新興豪族です。大陸交易で手に入れた新奇な物品の献上などにより、有力豪族にのし上がっていました。

格としては、物部氏のほうがずいぶん上だったことでしょう。なにせ朝廷の祭祀を受け持っていたくらいですから、その影響力ははかりしれません。おそらく物部氏は、神道の番人のような立場だったのではないでしょうか。

その物部氏に対して蘇我氏は、大陸で隆盛する仏教を武器に戦いを挑み、朝廷における権力拡大を図ります。傘下の渡来系氏族とともに、朝廷に仏教の導入を説く崇仏派を形成し、物部氏を中心とする廃仏派と激しい角逐をくり返しました。

歴史的に改ざんされた「聖徳太子」

そのとき、焦点の人物となったのが**聖徳太子**でした。

聖徳太子は、橘豊日皇子と穴穂部間人皇女《あなほべのはしひとのこうじょ》との間に生まれたとされています。橘豊日皇子の母親が蘇我稲目の娘であったため、聖徳太子は蘇我氏と血のつながりがありました。

敏達天皇崩御を受け、585年に父・橘豊日皇子が天皇（用明天皇）に即位すると、聖徳太子は蘇我馬子とともに天皇を補佐するようになります。用明天皇は蘇我稲目の孫に当たることから、廃仏派であった敏達天皇と異なり、崇仏派でした。

ところが、馬子の思いどおりに進んでいた崇仏勢力拡大の流れも、あっけなく頓挫してしまいます。というのも、即位からわずか2年後の５８７年に、用明天皇がそのころ蔓延していた疫病で崩御してしまうわけです。

これをきっかけに、蘇我馬子と物部守屋の戦いは一気に激化します。

守屋は、廃仏派だった敏達天皇の弟に当たる穴穂部皇子を皇位につけようと図りますが、馬子は炊屋姫（用明天皇の妹であり、敏達天皇の后）の詔《みことのり》をえて、穴穂部皇子を謀殺し、次いで物部守屋も攻め殺してしまいます。そして、蘇我氏と血のつながりのある泊瀬部皇子を即位（崇峻天皇）させるわけです。

以来、物部氏は没落し、神道が廃れ、仏教が正当宗教であるという風潮が日本を覆っていきます。

この宗教戦争で、蘇我と血のつながりのあった聖徳太子は、いったいどういう役割を果たしたのか。物部を排除するために一役買っていたのでしょうか。

じつは、聖徳太子は崇仏派ではなかったと考えられます。

理由はこうです。

聖徳太子は、十七条憲法をつくったと『日本書紀』に記されています。その十七条憲法の2に「三宝を敬え」というのがあり、それは「仏、法、僧」のことだとあります。そのため、聖徳太子は仏教の守り神であるという認識が現代に伝わっています。

ところが、聖徳太子がじっさいに唱えた三宝は「儒、仏、神」であり、仏教そのものを表す「仏、法、僧」ではないとされる研究報告がされています。後に『日本書紀』を編纂した奈良時代になって、聖徳太子の教えや十七条憲法を改ざんした形跡があると考えることができるわけです。

聖徳太子は、『国記』『天皇記』等を編纂した数年後の622年、49歳で没したとされています。もちろん、死に際の様子は何も伝えられていないし、死因もわかりません。

私は、蘇我氏が聖徳太子を暗殺したのではないかと思わないではいられません。なぜなら、彼こそが、大和朝廷で行われた宗教すり替えをめぐる惨劇の一部始終を知る生き証人だったからです。

その後、628年に推古天皇が崩御すると、聖徳太子の子である山背大兄王と蘇我蝦夷が擁立した田村皇子の間で皇位継承が争われ、田村皇子が皇位につきます（舒明天皇）。山背大兄王と蘇我氏の関係はぎくしゃくし、６４３年には入鹿の代になった蘇我氏が斑鳩宮の山背大兄王に兵を差し向け、王と一族21人を皆殺しにしました。

この一件により、聖徳太子の血をひく上宮王家は滅亡してしまいます。

仏教の国教化をはかった蘇我氏が、聖徳太子に仏教の守り神として恩を感じていたとすれば、いったいどうすればこのような仕打ちができるというのでしょうか。

日本の宗教の歴史は当時の仏教勢力が捏造したのか？

余談かもしれませんが、こうした一連の動きは、一直線に６４５年の大化の改新につながっていきます。

蘇我体制の打倒をめざす藤原鎌足が６４５年に中大兄皇子（後の天智天皇）や石川麻呂と協力してクーデターを起こし、蘇我入鹿を殺害。追い詰められた父・蘇我蝦夷は自害し、蝦夷直系の一族は滅亡します。そして翌年の改新の詔《みことのり》をへて、はじめて天皇中心の政治が行われるようになるわけです。

このように史実を俯瞰すると、聖徳太子は崇仏派ではなく廃仏派、つまり神道擁護派だったと考えるほうが、よほど筋が通ります。聖徳太子は神道の人だったからこそ殺害され、死人に口なしにされてから、仏教の守り神の地位に祀りあげられたというほうがより真実に近いでしょう。

もちろん、話はもっと複雑で、藤原鎌足が聖徳太子一族の滅亡を画策した黒幕であるという指摘もあります。それは、蘇我氏を排除しようとした鎌足が入鹿をそそのかし、聖徳太子と山背大兄王一族を殺害させ、それをクーデターの理由として利用したというものです。

こうした説に信憑性を与えるのは、鎌足が法隆寺の再建にたいへん力を入れた事実でしょう。

ご存じのように、法隆寺は聖徳太子が創建した寺院であり、その一角には太子の住居がありました。ところが、太子の死後全焼し、一から建て直されているのです。

当時、流行りの病で政治の中枢にいる人物たちが次々と亡くなりました。鎌足は、それが聖徳太子の怨霊の仕業ではないかと考え、寺院を再建してそれを封じ込めようとしたのではなかったかというのです。

じっさい、聖徳太子の写し身といわれる法隆寺の救世観音は、なかなか実物が公開されませんが、とても異様な観音像です。

明治時代の政府お雇い外国人で、東京大学で教鞭をとった東洋美術史家のアーネスト・フェノロサは、岡倉天心とともに明治政府の下で法隆寺の宝物調査を行っています。そのときの体験を記した『東亜美術史綱』という本には、次のように書かれています。

《……二百年間用ひざりし鍵が錆びたる鎖鑰内に鳴りたるときの余の快感は今に於て忘れ難し。厨子の内には木綿を以て鄭重に巻きたる高き物顕はれ、其の上に幾世の塵埃堆積したり。木綿を取り除くこと容易に非ず、飛散する塵埃に窒息する危険を冒しつつ、凡そ五百ヤードの木綿を取り除きたりと思ふとき、最終の包皮落下し、此の驚嘆すべき無二の彫像は忽ち吾人の眼前に現はれたり。》（有賀長雄訳）

ここから読み取れる事実は、いにしえの時代から救世観音が500ヤードもある木綿の布でぐるぐる巻きにされていた、ということです。観音像をぐるぐる巻きにしなければならなかった意図は、私には「封印するため」としか思い浮かびません。

哲学者の梅原猛*も、『隠された十字架』で法隆寺が聖徳太子の怨霊を鎮魂するために建てられたという説を展開しています。

法隆寺は、建物といい、所蔵された宝物といい、多くの謎が隠された寺なのです。

つねづね指摘することですが、歴史はつねに勝者が自らに都合よく捏造するものです。したがって、歴史の勝者が教えることを鵜呑みにしては、本当のことにたどりつけません。

奈良時代でいえば、日本はすでに仏教一色でした。つまり記紀は、勝者として残った仏教勢力が、自分たちこそ正当であるという認識のもとに、日本人の記憶を書き直す目的で生み出した歴史書です。

私は、記紀が朝廷における宗教のすり替えを隠し、聖徳太子以前に存在した神道の

＊梅原猛（1925－　）日本の哲学者。京都大学文学部哲学科卒業。京都市立芸術大学学長、国際日本文化研究センター初代所長などを歴任。

痕跡を消すために書かれたのではないかと、強い疑いを持っています。

さらに、聖徳太子が日本に渡ったユダヤ部族の血を引いているのではないかというイスラエル側調査団の見解についても、その可能性は十分にあると考えているわけです。

「宗教が変遷する」ということの本来の意味

さて、その後の日本は、仏教国として歴史を刻んでいきます。それが明治維新を迎えるまで、およそ１３００年間つづきました。

もちろん、前章で紹介したように、蘇我氏が神道とすり替えた仏教は、本当の仏教ではありません。それは、中国で道教の思想に置き換えられた仏教です。釈迦が完全否定したアートマンを肯定していることもそうだし、「空」の思想が「無」の思想に置き換えられていることもそうです。

とすれば、**現代につながる日本の文化や歴史は、仏教をモチベーションとする「新**

宗教」を土台としていたと指摘せざるをえません。

ひとつの宗教が時間とともに変遷していくのと、その宗教の本質が別物に変わってしまうのとではまったく違います。

宗教が変遷するとは、こういうことです。

たとえば、キリスト教のカトリックは、いくらキリストを信じていても、「三位一体」を信じない人物をキリスト教徒とはいいません。ですから、カトリックの本音は、「プロテスタントはキリスト教ではない」ということです。

逆にプロテスタントにとっては、聖書に書かれている神の教えのみが重要なのであって、彼らの本音は「三位一体はおかしい」ということになります。プロテスタントは、カトリック教会の法王がイエスや神と同じであるということはあり得ないと考えています。

このように見ると、二手に分派したキリスト教は、互いにずいぶん異なっています。しかし、両者とも、神との契約という旧約聖書に描かれたキリスト教の本質(こ

れはユダヤ教の本質でもあります）は残っています。カトリックもプロテスタントも、旧約聖書をいまだに信じているからです。

そもそもイエス・キリストはユダヤ教の信者でした。それが当時の堕落したユダヤ教の神官たちに反発し、今日のキリスト教につながる思想を生みだしました。

その後のユダヤ教とキリスト教の違いは、簡単にいえばメシア（救済者）が来たのか来ていないのかという点です。ユダヤ教の教えではメシアはまだ来ていませんが、キリスト教の教えは「来た」（イエス・キリストの降臨）となっているわけです。

日本に一神教の教えを持ち込んだユダヤ教

このように考えると、キリスト教の変遷は広義のユダヤキリスト教という枠組みで捉えることができます。

神という存在があり、もちろんキリスト教的論理には一方的な神の愛という概念があり、それらの本質はカトリックとプロテスタントの双方に受け継がれています。また、神が完全な汎神、つまり数えることのできないひとつの神であり、それが言葉という形で表れたものが聖書ですよ、という考え方も同じです。そして、神との契約という概念まで入れると、キリスト教はユダヤ教の変遷の一部に組み込むことができるわけです。

ところが、日本の昭和以前の仏教は、縁起や空などの仏教の本質をまったく受け継いでいませんでした。それは、儒教や道教の思想に置き換えられているだけでなく、日本の支配者たちの権力装置として都合よく変造された「日本教」だったといえます。

では、聖徳太子まで信じられていた神道は何だったのか。

失われた10部族が中国までたどり着いた痕跡がはっきりと認められ、日本にも渡ってきたという点を考慮すれば、**日本の古代神道は古ユダヤ教だった**と考えられます。

これは、日本人に古ユダヤ人（北イスラエル人）のDNAが何パーセント含まれているかという問題ではありません。ユダヤ部族はきわめて厳格に純血主義を守っていたとされますが、その点に関しては、私は疑わしいと思います。中国に到達するまでの間に、彼らはふつうに混血したことでしょう。したがって、日本にまで到達した古ユダヤ部族がユダヤ人の純粋なＤＮＡを持っていたとも思えません。

しかし、日本の地を踏んだ彼らは、日本人に決定的な影響を与えました。ユダヤ教という「一神教」の思想を持ち込んだことです。

そのころの日本には自然崇拝や先祖崇拝の原始宗教が存在したでしょうが、原始宗教というものは世界のどこを見てもすべて多神教です。ユダヤ教はその始まりから一神教であり、歴史的に見て非常に珍しい存在なのですが、その思想を日本に植えつけ、開花させたわけです。

明治の元勲たちが目指した「一神教体制」による近代化

さて、明治維新になると、ご存じのとおり薩摩長州の支配体制が日本に敷かれます。

明治維新をもたらした日本のカラクリについては、『日本人だけが知らない戦争論』

（フォレスト出版）ならびに『明治維新という名の洗脳』（ビジネス社）で詳しく記しました。ここでは宗教についてのみ考察しますが、ポイントはやはり**明治の元勲たちのほとんどがイギリス留学組である**という事実です。

イギリスの国家統治の仕組みをつぶさに見聞した彼らは、宗教の偉大さを再認識したことでしょう。ヨーロッパの進歩的な文明を一瞥すれば、一神教における「神との契約」、あるいは「神が見ている」という宗教的規範を国民に持たせることがいかに重要か、誰にでもすぐにわかることです。

彼らはそのとき、「ヨーロッパのキリスト教に似た宗教が必要だ」と考えたに違いありません。**列強のやり方を学び、日本の宗教を組み立て直す必要性を痛感した元勲たちが、人工的に明治神道をつくり上げることを始めたということです。**

彼らがモデルにしたのは、おそらくイギリス国教会*でしょう。

イギリス国教会は、プロテスタントでありながら、頂点に君臨するのは王様です。不思議なことに、プロテスタントの思想に巧みに三位一体的な考え方を取り入れています。大ざっぱにいえば、王様がプロテスタントとカトリックのいいとこ取りをして

＊イギリス国教会
16世紀にローマ教会（カトリック）から独立してイングランド王国で成立したキリスト教会の名称。

いるわけです。

明治神道でも、唯一神を祀りながら、同時に天皇も神である、という位置づけです。

明治神道が明治、大正、昭和の思想背景であり、やがて太平洋戦争の敗北を迎えて国民に多大な犠牲を強いたという連合国的な見方のせいか、明治神道に対する表立った評価はこれまであまり行われてきませんでした。

しかし、人工宗教という批判を考慮してもなお、明治神道はかなり強力な宗教でした。そうでなければ、わずか数十年で列強の一角に食い込むほどの驚異的な近代化、富国強兵化を進めることはできなかっただろうし、あれほど悲惨な戦争に誘い込むほどの強烈な洗脳を日本人全員にほどこすことはできなかったでしょう。

仏教勢力によって潰された神道による強烈な巻き返し

明治神道がそれほど成功した理由は、やはりそのコアがユダヤキリスト教に通じる

古神道にあるという点でしょう。

宗教と無縁の人にはピンとこないかもしれませんが、古今東西、宗教の復興運動が起こる時というのは絶大なエネルギーを生みだします。

たとえば、明治神道を起動させるために、廃仏毀釈《はいぶつきしゃく》*が行われました。神仏分離令や大教宣布の詔が出されると、人々は全国津々浦々で仏像を打ち壊したり寺院を焼き払ったりする暴動を起こしました。

もちろん、これは政府が裏で画策煽動したことではあるかもしれませんが、かりにそうだとしても十分に説明できないほどの大暴動が起きています。

その理由は、日本にもともとあった神道が仏教勢力に潰されたという話が江戸末期から広く流布していたからでしょう。

黒船がやってきて以来、当時の日本の国情は揺れつづけていました。その不安な状況に対して、仏教勢力は何もできないばかりか、寺院は人別帳などを通じて幕府の出先機関の役割を務め、私腹を肥やしていました。そのような事情もあり、百姓町人は僧侶を憎んでいたわけです。

＊廃仏毀釈　「仏教を廃し釈迦の教えを棄却する」の意味。明治政府の神道国教化政策より起こった仏教の排斥運動。

廃仏毀釈によって、興福寺の五重塔は25円で売りに出されました。当時の25円がどの程度の価値かよくわかりませんが、これは薪代だったといわれています。

また、聖徳太子を祀る法隆寺も寺領を没収され、伽藍やお堂をひどく荒らされました。五重塔の売却話も出たようです。法隆寺は、宝物を皇室に献上することで、どうにかこの災難を切り抜けます。

法隆寺の一件は象徴的な出来事だったと、私は考えます。

明治神道サイドには、廃仏毀釈によって、神道の人であった聖徳太子の封印を解くという意図があったに違いありません。だから、宝物を皇室に献上させ、その後に岡倉天心、フェノロサによる宝物調査を行いました。そして、フェノロサが書き残しているように、聖徳太子の写し身とされる観音像をぐるぐる巻きの綿布から解放したのです。

大戦後の「日本教」のゆくえ

しかし、明治神道は大戦後、鳴りを潜めます。

日本国憲法は信教の自由を保障し、それゆえ日本には、たとえ形式的なものであれ国教というものがなくなりました。**現代の日本人のほとんどは、「神道」と聞いても、それがどのような宗教であるかまったく理解していないといってもいいくらいです。**

それでも、神道は生き残っています。

天皇陛下が人間宣言を行ったことで、明治神道は古神道に近いものに戻りました。古神道における天皇の役割は、祭祀の長であり政治の長でもある祭政一致です。天皇陛下は政治の長とはいえませんが、国家元首であることは疑いありません。

たしかに、日本の国家元首は誰かという論争はいまだに行われています。

しかし、形式を見れば、その論争は時間の無駄といわなければなりません。天皇陛下が内閣総理大臣を任命し、国会を召集し、国会開会を宣言し、法律はすべて天皇陛下の名前で発布されるという現行のシステムは、国家元首が天皇陛下であることをこれ以上ないほど雄弁に物語っています。

神道の長であり、政治の長であるという現在の天皇の在り方は、聖徳太子が望んでいた祭政一致そのものです。その意味では、戦争に負けたことによって、記紀以前のほんらいの宗教に戻ったというのが日本の戦後の姿なのです。

昨今、天皇の権限を強化しようという動きが出ています。

神道勢力からすれば、これは当然のことです。

神道の復興運動が今後もつづいていくことは、ほぼ確実です。なぜなら、神道を復活させたものの、日本人はまだそれを信じていません。神道勢力が、天皇を中心とした祭政一致の体制を盤石のものにしようと今後考えていくことは自然なことでしょう。

日ユ同祖論が流行していることも、政治がまるで戦前の体制を目指すかのような挙に出ていることも、おそらくこれと無関係ではありません。それが日本人の未来にいったいどういう影響を及ぼすのかという点は、いまのところ用心深く見守っていくしかか方法はありませんが。

とはいえ、宗教的な観点から日本を理解すれば、なぜ日本はつねに脱亜入欧を目指すのか、なぜいまだに中国や韓国といった大切な隣人たちと腹蔵なくつき合うことができないのか、といった不可解な現象にも一定の答えを与えることができます。

日本の将来を背負う若者たちは、こうした日本の在り方を肯定するにせよ、否定するにせよ、神道の復興という流れや、昭和以後の「空」を学んだ後の日本仏教の行く先に対する主体的な取り組み方を模索していかなければならないのではないでしょうか。

最終章

「神」と「宗教」から完全に自由になる方法

なぜ、金融業は公的資金で救済されるのか？

従軍牧師がイラク戦争を戦うアメリカ軍兵士の精神的なサポートを行っていたことは、すでにお話ししたとおりです。

それ以来、この従軍牧師の成功をアメリカの産業界に取り入れる流れが急速に広まり、いまアメリカ企業の工場のあちこちで「**従工場牧師**」の姿を見かけるようになりました。

工場と牧師に、いったい何の関係があるというのでしょうか。

格差社会というと、みなさんは、ニートやフリーター、あるいはワーキングプアなど、日本が抱える悲惨な状況を真っ先に思い浮かべることでしょう。しかし、経済格差の拡大は日本だけの話ではありません。アメリカ、中国、そしてヨーロッパにおいても、それは以前にもまして拡大しています。

2008年の金融危機で、世界各国は金融機関に莫大な公的資金を投入しました。

そこにいたるまでの各国金融機関は、世界的なバブル景気に乗り、高リスクの投機によって莫大な収益を上げてきました。金融業界で働く人々はたいへん高額な給料をとり、わが世の春を謳歌《おうか》していたわけです。

たとえば、金融危機の引き金を引いたリーマン・ブラザーズのCEO（最高経営責任者）は07年度に、日本円にしておよそ45億円もの年収を得ていました。社員でも、年収1億円、2億円クラスはごろごろしていました。リーマン・ブラザーズ以外の金融機関においても、同じような高額年収者ばかりです。

それが一転、投機失敗で莫大な損失を出してしまうと、それを政府は公的資金で救済しました。グローバル時代の金融連鎖破綻を回避するため、というもっともらしい理由はあるでしょう。しかし、額に汗して暮らしに必要なかつかつの給料を稼いでいる人たちにすれば、どう考えても納得のいかない話です。

アメリカにおいても、ヨーロッパにおいても、金融業とそれに付帯するサービス業従事者が飛び抜けた所得を上げていたことは変わりません。金融サービスに富の一極集中化が進む過程で、製造業などに従事する人々の所得は相対的に下がりました。そして、両者の間に、大きな経済格差が広がっていったことは実際の話です。

ビジネスの道具へと堕した現代宗教の現実

アメリカでは、製造業の生産性が相対的に低下するなかで、企業は人件費の抑制に走りました。

経営者たちが目をつけたのは、従業員の福利厚生費です。

とはいえ、一方的にそれをカットするという話が通るはずはありません。アメリカの労働組合は強く、そんなことを経営者がやろうとすれば、たちまち大問題になってしまいます。

そのとき、彼らが考えついたのが、従工場牧師の導入です。工場などに専任の牧師をおき、従業員のケアをさせるようにしたのです。

当時、経営者たちが頭を悩ませた人件費増加の原因のひとつは、従業員の精神的、肉体的ダメージから派生する福利厚生コストの問題でした。

人間、将来に不安を抱いたり、希望を持てなかったりすれば、うつ病にかかりやすくなるし、意欲の低下から事故も起こりやすくなります。医者にかかれば、そのための費用負担が増えるだけでなく、休業補償もかさみます。

そこで、会社側は定期的に従業員を集めて牧師に説教をさせるという制度を導入しました。すると、精神的な不調を訴えたり事故を起こしたりする人がみるみる減っていきました。たとえ事故に遭って指を切断したとしても、「それも神の思し召しです。神はあなたを見捨てません」というわけです。その言葉が本人のバイタリティーを生み、過去の同様の例よりも早く職場に復帰させることができるといわれています。

イラク戦争の戦場で成功した方法ですから、工場で成功しないはずがありません。

経済記事を読んでいると、「最近のアメリカ企業は福利厚生費などの圧縮が進み、生産性が向上している」という趣旨の記事をときどき見かけます。この内容だけでは具体的に何が起こっているのかつかめませんが、実は、従工場牧師の導入によるところが大きいと見られています。

福利厚生費の大幅な削減がいいことなのか判断に迷いますが、それ以前に、これはたいへんにグロテスクな話です。

政治が宗教を利用し、それを戦争遂行の道具にしている事例はすでに紹介しました。ところが、それだけにとどまらず、いよいよビジネスがそれを利用し始めたということです。

宗教は、夢や希望を見失い、意欲をなくした人間を都合よく利用し動かすための最も簡便な方法です。それがアメリカのビジネスの現場で、組織をあげて導入されつつあるわけです。

宗教が積極的にビジネスの現場に入り込んでいるのですから、こうなると、宗教の利用に歯止めのかけようがなくなります。きわめて危険な兆候です。

このまま放っておくと、宗教を利用する政治とビジネスの止めどなき煩悩によって、人々はとことん利用され、食い物にされるのかもしれません。まさに、人類衰亡の道にまっしぐらにつづくゲートが開いたのです。

「政教一致」は悪くない

とすれば、いま私たちに何が必要なのでしょうか。

結論はだいたいわかっています。

ひとつは、かつて宗教と政治が合致していたころの世界に戻ることです。 たとえば、イスラム世界では、両者はまだ完全に分離していません。そのイスラムのような世界に、私たちの世界を変えてしまうわけです。ところで、イスラムというと無差別テロをすぐ思い浮かべますが、それは本来のイスラムとは本質的に違うことを理解しないと、私の意図が曲解されます。

政教一致を評価する理由は、政治家にはとんでもない極悪人がいるものの、宗教家にはそんなに悪い人間はいないというのが1点です。前にふれましたが、宗教家はこの世のことにはたいして興味を持っていません。あの世に最大の関心をおいていますから、人を殺してまで金を儲けようという煩悩はないのです。

現代の人間が、宗教が主という世界にまでは戻れないとしても、少なくとも政治が主という構造を壊し、政治と宗教が合致する世界には戻れるはずです。身近な例では、創価学会や立正佼正会などがめざしていることが、それでしょう。

宗教が私たちに安全をもたらすのは、宗教においては、この世の煩悩が弱いからです。たとえこの世の煩悩に背中を押されて少々の悪事は働いたとしても、宗教だけの論理の中では、この世で戦争を起こすような煩悩を持つことはなかなかないものです。もちろん例外はありますが、逆に、あの世で罰が当たることを恐れるため、誰もがいまの政治家よりもまともな行動をとるでしょう。

ですから、政治と宗教が合致する世界に再び戻ることは、決して間違った考え方ではありません。

ただし、私たちには、もうひとつ別の選択肢があります。

政治と宗教が合致すれば、それなりにまともな世界が生まれますが、それは相変わらず、人間のつくった幻想にもとづいて人を縛るシステムをつづけることになります。それは私たちの多くが望んでいるはずの「自由」とは、異なる世界といわなくてはなりません。

そこで、私たちがとりうる別の選択肢として、**政治からも宗教からも自由になるという道が挙がってきます。政治と宗教から自由になるとは、この世の煩悩とあの世の煩悩と、その両方から自由になることです。**

つまり、両方の煩悩から自由になることは、完全に自由になる、というのと同じです。

あの世にも興味がないし、この世にも興味がない、という自分をつくることができれば、そういう世界を導くことも可能になるということです。

もっとも、この世に興味がなくなれば生きていけないと考えるかもしれませんが、そうではありません。

現代の社会では、この世の興味はことごとく金銭に還元することができます。だからこそ、利益を上げるためには人を殺してもいいという価値観が生まれます。

したがって、そうならないためには、金銭に還元することのできるこの世の煩悩から離れ、抽象度の高い世界に興味を持つようにするのです。人生のゴールを、宗教の教義よりも抽象度が高く、かつこの世の政治システムよりも抽象度が高いところに置くことで、それは可能になるはずです。

そして、そのゴールの達成を目指すことができれば、ものすごく自由に、思い切り満足して生きることができます。私は、これこそが、**神の存在が正式に否定された21世紀の生き方**に違いないと、つねづね考えてきました。

完全に自由になるためにはどうすべきか?

完全に自由になるための入り口としては、2つの方法があるでしょう。

ひとつは、**否定から入る方法**です。

世界のあらゆる宗教を洗い出して、すべての宗教の矛盾点を見つけていくと、いくらでもあります。

たとえば、キリスト教の重要な教義のひとつに、最後の審判があります。世界の終わりにキリストが再臨し、あらゆる死者を蘇《よみがえ》らせて裁くというものですが、死んだ人をどう蘇らせるというのでしょうか。土葬にされた人、火葬にされた人、戦場で木っ端微塵《みじん》になった人、その人たちが突然ゾンビのように起き上がることは科学的に不可能です。

もちろんこういうストーリーはキリスト教の本質ではなく、こういった問題がキリスト教の価値を下げるわけではありません。ただ、それを客観視することができるはずです。

政治についても、同様です。

世界中のありとあらゆる国のすばらしい制度を一つひとつ検討し、その矛盾を見ていきます。たとえば、なぜ日本の特別会計200兆円の中身が明かされていないのか、と自問すればいいわけです。そうしてつぶさに見ていけば、この世の政治システムがあまりにも不完全でどうしようもないという否定にたどり着くでしょう。

こうした否定によって、政治や宗教を超える論理を自分でつくる、という結論を導くことができるはずです。

もうひとつは、**肯定から入る方法**です。

この場合は、政治も宗教も最初から検討の対象にはしません。釈迦の教えにあるように、まさに自我も空であると肯定し、自分という煩悩からどんどん離れ、抽象度の高い世界に視点を移していきます。

そうすると、社会に対する見方も、幸せは自分の幸せではなく、地球人全員の幸せであり、人間だけでなく地球上のすべての生命の幸せであり、という具合に変わっていきます。そして、その範囲をさらに宇宙に広げられる抽象度の高さにまで高め、視点を引き上げていけばいいわけです。

このような視点は、宗教の枠を超えるものです。

ほとんどの宗教は、人間のことしか対象にしていません。動物のことは考えていませんし、もちろんロボットのことも想定していません。人工知能によって間もなくロボットがＩＱを持ち始めるときに、この問題をどう扱うというのでしょうか。宇宙の生命体が見つかったときどうするかということも、宗教は想定していません。

とすれば、人類だけでなく、動物も、宇宙人も、全部幸せになればいいのだと、最初から自分の抽象度を上げていきます。

それは、**自分の煩悩からどんどん離れ、自我の抽象度を上げていくということです。それを人生のゴールとして設定するのです。このようにすれば、わざわざ否定から入らなくても、自我を肯定するだけで、政治と宗教から自由になることができるはずです。**

先だって政治家の集まりに出席したおり、「私は将来、総理になります」「次の大臣は私しかいません」と発言する出席者の姿があまりにも目に余ったため、私は「政治家の自己実現のために政治や国会があるわけではない」と発言しました。彼らは自分がどうなりたいかとか、自分のキャリアのことしか頭にありません。本音では、有権者のことなど眼中になく、政治は自分のためのキャリアであり、政治を自己実現の場だと捉えているわけです。

宗教も同じで、神父だったり、牧師だったり、お坊さんだったりすることが職業になり、自己実現の手段になっています。極端な話、今年の冬は何人死んでくれるのかと計算し、「このくらいは実入りがある」と、取らぬ狸《たぬき》の皮算用をしています。宗教は彼らの自己実現であり、信徒はその犠牲になっているということです。

そんな人たちは宗教家のごく一部と信じたいですが、こういった人たちの犠牲にならないためには、どちらからも自由になるしか方法はありません。

餓死する人間が1人も出ない世界は実現するのか？

完全に自由になることの先に開ける世界は、どのようなものでしょうか。

それは、絶対的な唯一の価値が存在するという幻想を否定する世界の到来でしょう。

これまで述べてきたように、ありもしない存在を信じ、それが唯一の価値であるとする宗教現象は、宗教だけにかぎった話ではありません。資本主義もそうだし、アメリカの一国主義も同じだということは、指摘したとおりです。それらはすべて、ひとつの価値にすべてが還元できるという幻想によって成り立っています。

世界の国民にとってどのような状態が理想的か、自分が世界の王様になったつもりで、一度考えてみてください。

私が真っ先にイメージする世界は、餓死する人間が1人も出ない世界です。

日本国憲法をはじめ、たいていの国の憲法で保障されていることに、生存権があります。これをまず、世界的に保障することです。

そして、もうひとつ必ず保障しなければならないのは、機会の均等です。お金持ちに生まれる人、ハンサムに生まれる人、いろいろな人がいますが、どのように生まれたとしても、それぞれの人に平等に機会が与えられることが大切です。

そのために、日本国憲法では教育を受ける権利が保障されています。ある人は教育を受けられて、ある人は受けられないとしたら、機会均等とはいえません。

私が世界の王様だとしたら、最低でも生存権と機会の均等を保障する世界をつくろう、と考えます。

現代の世界は、そうなっているでしょうか。

たとえば、いま世界の9人に1人が飢餓状態にあります。世界の人口を72億人とすれば、8億人がこのような状態に置かれているということです。そのため、餓死する人や栄養状態が悪くて病死する人は、後を絶ちません。

飢餓だけの問題ではなく、戦争で死んでいく人もたくさんいます。アフガニスタンやイラクでは、多数の民間人が戦争に巻き込まれて命を落としました。いままたシリアやウクライナで犠牲者が出ています。

この事実からいえることは、**世界では生存権が保障されていない**ということです。

日本国内にも厳然と存在する「カースト制度」

では、**機会の均等**は保障されているでしょうか。

これは、世界のどの国に行っても、まったく保障されていません。

たとえば、インドであれば、カースト上位のバラモン、クシャトリアに生まれなかった人は機会ゼロです。

私は少し前に、ヒンディー語をしゃべる女性がＮＨＫのアジアのテレビ番組に出ていたのをちらりと観る機会がありました。その女性は額の中央に赤い印をつけており、身なりや立ち居振る舞いからも明らかに典型的なバラモン出身者でした。

そのとき私は、**ＮＨＫがカースト制度強化の手助けをしている**と強く感じました。

堂々とバラモンの格好で出演させるということは、カースト上位でなければテレビ番組に出演できないということを、天下に知らしめているのと同じことです。

いまだにカースト制度を維持しているインドは例外的な国だと考えるかもしれませんが、表向き平等を装っている世界の国々においても、見えない身分制度はいまだにつづいています。

日本においても、事情は同じです。

たとえば、民主党政権が生まれた後も、世襲議員が国会議員の総数に占める割合は25％にのぼります。

25％という数字を甘く見てはいけません。日本の人口対国会議員の比率でいうと、国会議員の親を持つ子どもは、ふつうの人よりも選挙で当選する確率が２万倍も高いという事実をこの数字は表しています。また、自民党では世襲議員の割合は40％、大臣では50%です。

選挙の投票において、1票の格差が合憲か違憲かがよく問題にされます。最高裁が違憲と判断したのは、昭和47年の5倍と、昭和58年の4・4倍で、たしかに大きな格差です。しかし、世襲議員の当選確率が2万倍も高いという事実の前では、あまりにもかわいらしい違憲状態だといわなくてはなりません。

あるとき、日本で一番人気のある職業は、国会議員であるといわれていました。とすれば、日本で一番人気のある職業につけるかどうかは、親が国会議員であるかどうかで決まるということになります。

つまり、出身階層によって子どもの職業が決まるインドのカースト制度と同じ結果が、日本でも現実に生まれているということです。

こんなことで、機会均等が保障されるはずはありません。本来ならば、国会議員の親を持つ人間が選挙に立候補することは違憲と判断し、例外なく禁止するくらいの思い切った措置をとっていいはずです。

「義務」ばかり課される現代の国民

実は、世界の多くの国家では、権利と義務がひっくり返っています。

義務教育という言葉に、私はそれが象徴的に表れていると思います。

本来、教育は国民の権利であって、義務ではありません。更には、日本国憲法第26条には、「すべて国民は、法律の定めるところにより、その保護する子女に普通教育を受けさせる義務を負ふ」と書かれています。

もちろん、それが起草された時代には、経済的な理由などで子どもに教育を受けさせない親がおり、その親に対して強制力を持たせるという理由はあったかもしれません。実際、子どもを学校に行かせずに丁稚《でっち》奉公に出していた家庭は、その昔、いくらでもありました。

これはまず国民すべてに教育を受ける「権利」があり、それを満たすために、親に子どもに教育を受けさせる「義務」があるということです。

憲法とは何かという根本を思い起こしてください。

憲法とは、そもそも国家権力を規制するための法律です。国民に保障される基本的な権利を盛り込み、それを最高法規とすることで、権力が恣意的に国家を運営することを抑止するというのが、憲法が生まれたそもそもの背景です。憲法があり、法律を常に憲法に照らし合わせて運用するからこそ、一般の国民は国政を政治家に任せることができるわけです。

憲法のこうした性格をきちんと把握すれば、教育を受けることが国民の義務であるはずはありません。教育は国民の権利です。

教育を国民の義務と位置づけるから、文部科学省は教育サービスをしてやっているという態度を改めません。そして、学校ではとんでもない先生が幅を利かせ、教育現場の崩壊もどんどん進んでいくのではないでしょうか。

日本だけでなくほとんどの国において、教育は国民の義務と位置づけています。本来、権利であるものを義務としているところに、私は何か作為的なものを感じます。

そして、国民には権利もあるが義務もあるという具合に、国家は義務のほうをより強力に打ち出してきます。いってみれば、機会均等さえ実現できないにもかかわらず、義務だけは非常に強固に、国民に押しつけてくるわけです。

また、憲法27条には「すべて国民は、勤労の権利を有し、義務を負う」と書かれています。つまり国民には労働は義務です。これは奴隷国家です。27条の3には「児童は、これを酷使してはならない」と書かれています。つまり大人は酷使していいのです。まさにブラック企業が憲法を守る組織ということです。

私の考えでは、この世に生まれた人間に、ありとあらゆる権利はあっても、義務はありません。義務は義務として課されるものではなく、国民一人一人が選択してとる行動だと考えるからです。

選択してとる行動とは何かという点については後述しますが、**現実には、国家が国民に義務を課し、国家権力を盾にその履行を迫ってきます。そして、いつの間にか、国民には義務ばかりが課され、それを果たさないことは悪だという思い込みが蔓延します。**

私はそこに、国家という幻想を成り立たせる非常に単純なトリックが隠されているように思います。

共産主義圏は充分に豊かだった！

実は、**国家が国民の権利を保障するというのは、資本主義ならではの発想です。**

たとえば、共産主義や社会主義には、福祉という概念がありません。なぜなら、それは福祉ではなく、共産主義や社会主義では国家が担うべきごく当たり前の仕事だからです。

資本主義では自由競争を行い、競争に勝った者が儲けて、負けた者は当然のことのように落ちこぼれていきます。しかし、落ちこぼれた者を放置していると、社会が荒《すさ》み、基本的人権さえ満たすことができない状況に陥ることは明らかです。

そこで、それを回避する策として、国が福祉を行い、自力で立ち上がれないような敗者を救済するというわけです。

つまり、資本主義の下では、人間の権利を保障するために、誰かがそのコストを必ず負担することになります。そこで、国家はそのために「税金を徴収しましょう」といいます。国の論理でいえば、これが納税の義務が発生する理由です。

ところが、福祉という概念のない共産主義国や社会主義国では、納税の義務は発生しようがありません。共産主義国や社会主義国に、税金という概念がないからです。そこには、競争に勝った者が儲ける仕組みがないばかりか、あらゆる仕事はすべて国家のための仕事です。人々は国家が決めた労働を行い、国家が決めた給料をもらう、ただそれだけのやりとりしかありません。

実際、1989年11月にベルリンの壁が崩壊するまでは、ソビエト連邦をはじめとする共産圏で納税する人は、1人もいませんでした。

資本主義国に暮らす現代の人々のなかには、共産圏の人々がとてつもなく貧しい暮らしをしていたと誤解する人が大勢います。しかし、本当はそうではありません。

たとえば、未曽有の不況に苦しむヨーロッパでは、失業移民の問題がクローズアップされています。これは、フランス、ドイツ、スペインなどへ仕事を求めてやってきた東欧諸国など旧共産圏の人々が、2008年の金融危機によって大量に失業し、そのまま放置されている問題です。

そもそもなぜ、東欧諸国の人々はフランスやドイツなどに移動したのでしょうか。その最大の理由は、資本主義に体制が変わったために、自分たちの所得が減ったことです。

東欧諸国では、最初のうちこそ西側資本が流入し、工場がどんどん建ち、好景気に沸きました。しかし、自由競争が定着すると、今度は、自分たちの給料さえも競争の波にさらされることになります。インフレが鮮明になると、実質賃金は下がり、共産主義時代よりも苦しい生活を強いられる人々が、実はたくさん生まれます。

競争に勝った者は豪奢《ごうしゃ》な生活、負けた者は共産主義時代よりも苦しい生活が待ち受け、厳しい現実が広がっていきます。そして、競争に負けた者は、よりよい条件を求めて、フランスやドイツなどに移住して行ったのです。

私は共産主義者でも社会主義者でもありませんが、ソビエト連邦が成功していた戦後の一時期は、資本主義よりもよほどいい社会が実現している部分もあったことは否定できません。アメリカが冷戦を仕掛けなければ、ソ連はあのまま成功していた可能性もあるでしょう。

戦費は、資本主義ではビジネスつまり売り上げになりますが、共産主義ではコストにしかなりません。だから長い冷戦でアメリカ経済は潤い、ソ連は疲弊したのです。

いずれにしても、資本主義こそが最善であるという価値観は、疑ってかからなくてはなりません。

前にふれた納税の義務にしても、疑うべき点は大きいはずです。

国の論理でいけば、納税の義務があるから、たとえば医療費は3割負担ですむということでしょうが、それは本当なのでしょうか。

南米チリ大地震の被災者を救援するために現地に飛んだ医師たちは、お金が儲かるから行ったわけではありません。たとえ無償でも、持ち出しの手弁当でも、飛んで行ったはずです。

チリまでただ働きをしに行ったように、国内に憲法で保障された権利を満たすことのできない人たちがいれば、医師たちはきっとただで働くでしょう。「あなた、申し訳ないけど、ただで人助けしてよ」といえば、拒否する人はいないはずです。

逆に、もし拒否する医師がいたとしたら、それは拒否しないと経済的に大きく損をするメカニズムが、私たちの社会に働いているということでしょう。とすれば、そのメカニズムを取っ払ってしまえば、税金や社会保険料を徴収しなければ3割負担ですまなくなるという国家の理屈は通用しなくなるのではないでしょうか。

前頭葉の発達した人類にとって「納税」は「権利」である

本来、人間の前頭葉は十分に進化しています。これがゴリラであれば、自分のことしか考えられないでしょうが、**人類は自分以外のことも自分と同じように感じられるまでに進化しています。**

前頭前野の内側部という社会的情動をつかさどる部分が進化し、人間は社会的な感情を持つようになりました。

そのため、人間は自分以外の人のことを自分と同じように大切に感じます。同時に、自分以外の被害を自分の被害と同じように、嫌だとかかわいそうだとか感じることができます。動物ならば、「自分の子どもが」ですが、人間は「自分の子どもじゃないけれども」で行動します。だから、チリの人々が被災したといえば、「おれが行ってやる」とボランティアの行動が生まれるわけです。

人類はそこまで進化しているのですから、建前でなく本音で、生存権と機会の均等を実現する世界をつくれるはずです。

その世界とは、第一に**徴税不要の世界**です。

経済を回すシステムは、資本主義でも共産主義でもかまいません。資本主義なら、儲かる人は儲かり、損する人は損することになりますが、それでも納税の義務は必要ありません。

資本主義であるかぎり人間の金銭欲が無限に拡大していくという幻想も、このさい捨ててしまいましょう。私たちが、お金が唯一のモノサシであると考えるのは、誰もがそう思い込み、それ以外の方法では人間も経済も動かないという考えの虜になっていることが理由です。

もし、本当にそうならば、チリの被災者を助けに行こうというボランティアは出てきません。たとえ飢え死にする人が隣にいても、見殺しにするだけでしょう。前頭前野が十分に発達した人間は、そうはできないわけです。

では、どうやって道路や空港などを整備するかといえば、ボランティアがただで建てます。医療もボランティアがただで行います。

もちろん大金持ちは、労働の代わりに寄付をしてもいいわけです。ただし、その寄付は、税金から控除されるから行うのではありません。お金が余っているから、自発的に寄付するわけです。

金銭欲に凝り固まった世界へ大きく傾《かし》いだ振り子を、お金をため込んでも意味を持たない世界に振り戻すことができれば、必ずそれは単なる交換手段に戻るはずです。

「国家」をやめれば「コスト」は下がる

振り子を元に戻す手段として、私なら、準備預金制度を撤廃し、禁止するでしょう。中央銀行があり、準備預金制度があるから、実際に必要な量をはるかに超えてお金が増えていきます。日本銀行であれば、理論上は預金準備の1000倍のお金を市中に流すことができるわけですが、それはこの仕組みがあるがゆえです。

利子をなくして、お金が勝手に増えていく仕組みをなくしてしまえば、それが増えていく理由もなくなります。経済の拡大にともなって増えることはあっても、お金がお金を生むシステムを必死に支えなくてはならない理由は何もありません。

自分の労働と財やサービスとを交換するのであれば、ポイント制度や電子マネーで十分です。なぜなら、お金を払うというのは、「交換します」という印にすぎないからです。印であれば、1万円札の代わりに、古代にならって貝殻を使うというのでも本来、支障はありません。いま必要なのは、お金を、交換する以外に徹底的に価値のないものにしてしまうことです。

すると、新しい国家の姿がはっきりしてきます。それは実に単純な姿です。

人々はみな働いて得たポイントで、毎日の生活を成り立たせます。これは、お金が勝手に増える現状と何も変わりません。

国会議員と公務員の仕事の対価は無給とします。ただし、彼らの衣食住にかかるコストは全額保障します。もちろん、結婚して、子どもが生まれたら、その人たちの衣食住も保障します。衣食住以外に使うポイントが欲しいときは、勤務時間以外の副業を許します。公務員にはすべての商品とサービスを原価で売らなければならないという法律を作ります。ですから、副業はほんの少しで、ルイ・ヴィトンでも何でも買えることになります。政治家と役人の人件費は、いまとは比べものにならないほど低く抑えることができるでしょう。

国の予算は全額寄付でまかないます。税金はありません。教育などの公的サービスはすべて寄付によって運営します。

「外交はどうするんだ？」と思うかもしれませんが、国家を成り立たせなくてはならないという概念も取り去ってしまいます。地域地域で、自分たちに必要なサイズの自治単位をつくり、自治や地域サービスの問題はそこで決めます。そして、地球全体で解決すべき問題は、世界的な投票システムをつくって決めればいいのです。

国家をやめてしまうメリットは、あらゆるコストが下がることです。たとえば、いま世界の食糧不足を喧伝する人たちがいますが、それはウソです。世界の食糧は、世界中で気候が悪くなったこの10年間においてもいまだに足りています。

問題は、分配が間違っていることです。国家という単位があり、そこに著しい経済格差と富の偏在があるため、富める国には捨てるほどの食糧が供給され、貧しい国には供給されず、飢餓状態が生まれます。国境による線引きをやめれば、飢餓状態の人たちにもはるかに安く食糧が供給され、餓死する人もいなくなるはずです。

もちろん、戦争もなくなり、世界は豊かになります。

いま世界中の国々が軍備に注いでいる費用は莫大です。資本主義において、軍備は言ってみれば、会計上の売り上げに計上されています。軍備に多大なコストをかけている国々では、負担をしなくてはならないのは納税者だけで、軍事産業をはじめとするそれ以外の全員が儲かっているということです。

たとえば日本で、自衛隊の直接経費、間接経費などの国防予算は5兆円くらいです。しかし、ここには駐留米軍を維持するための間接経費は入っていません。駐留アメリカ軍は、東京・六本木の一等地をはじめとして全国に基地があり、そういうところをマンションや農地にして活用した収益を考えると、年間5兆円くらいの利益が消えている可能性があります。また、費目として表に出ないような直接経費もかなりかかっているはずです。

かりに間接、直接費用すべてが12兆円だとすると、軍備をやめることによって日本人1人当たり、年12万円も浮くということです。

世界が軍備をやめた途端に、その社会的な負担がなくなるわけですから、世界中のふつうの人々が裕福になるのは当たり前でしょう。

ここに述べていることは、唐突な話に聞こえるかもしれませんが、軍備の話を除けば、かつてソ連が行い、いまでもキューバが行っている仕組みです。

ソ連に関していえば、権力者たちが自分の煩悩を満たすために腐敗し、冷戦にも負けて崩壊します。ただ、アメリカが冷戦を仕掛けなければそれなりにいい国になり、そこから次世代の新しい世界統治モデルが生まれた可能性もあったのではないかと、私は考えます。

共産主義こそが正義であるとは思いませんが、**資本主義こそが世界で唯一の正しいモノサシであると考えることは、この21世紀においてナンセンスです。**守るべきものは、生存権と機会の均等、つまり基本的人権です。それを実現するために、地域ごとの多様な価値観と尺度を盛ることのできる器に、世界を変えていかなければならないということです。そのために、時間をかけてでも国家を上手になくしていくための方法は、明日からでも国連で検討されるべき課題といえるのではないでしょうか。

この世に唯一絶対の価値の尺度はない

さて、すでに指摘したように、神は正式に死にました。それは、世界が不確実なものであり、不確定なものであることがわかったからでした。にもかかわらず、世界では唯一の神を前提に成り立っているそれぞれの国家権力が覇権を争い、資本主義という唯一のモノサシによる世界の純粋化をいまだに推し進めようとしています。

バンクーバーで開催された冬季オリンピックを観ていたとき、私は、だんだん不愉快な気分になってくる自分にふと気づきました。フィギュアスケートの3回転と4回転で、「4回転の得点が高い」というもっともらしい解説が聞こえてきたときのことです。

「そうか。オリンピックで優勝するということは、全世界に対して1番からビリまで順番をつけることができると言外ににおわせているのと同じだ。世界中の人々を1番から億番まで順位づけできるという洗脳を、オリンピックはやっているんだ」

私は、そう感じました。

実際、オリンピック選手が「メダルを取れてうれしい」と思うのは、他人がそういうからです。メダルを取れたことの何がうれしいのか、どんどん突き詰めて考えていけば、うれしい理由が最後はひとつもなくなってしまうはずです。競技を行う充実感も、満足感も、実のところ「それをやると、充実するでしょ、満足するでしょ」と言い聞かされてきた結果として、そう感じるだけの話です。

観戦する人々も、「がんばっている選手の姿を見て、勇気をもらいました」などといいますが、それも突き詰めて考えていけば間違いだということがわかるでしょう。選手の姿に自分を投影して、カタルシスを感じる習慣は、すべて誰かが「そうするようにしなさい」と説いてきたことだからです。

オリンピックでメダルを取っても、本当は誰の役にも立っていないし、よほど特殊な国でない限りメダルの対価として何か素晴らしい褒美がもらえるというわけでもありません。これでまた利権を拡大させられると、せいぜいオリンピック委員会と広告代理店が喜ぶくらいのことでしょう。

オリンピック委員会はその利権の頂点に立ち、人間に順番をつけることはいいことだと、世界中の人々が唯一のモノサシを使うよう洗脳しています。

それは、資本主義の下で競争し、お金を稼ぎなさい、といっているのと同じです。人々が激しく競争すればするほど、資本家は儲けが増えていきます。だからこそ、オリンピック委員会は、ヨーロッパの大金持ちによって牛耳られているのです。

この世に唯一絶対の価値の尺度はありません。

21世紀においては、誰かが与えてくれるモノサシはすべて、まやかしです。存在しない神と同様に、存在してもいない価値を、無理やり洗脳されて「たしかにある」と思わされているだけです。つまり、そのこと自体が、もはや宗教になっているといわなくてはなりません。

人間は国家がなければ生きられない、税金を徴収しないと国家が成り立たない、という論理も同じです。

過去には国家がなくても人間は生きていましたし、これから国家がなくなったとしても何不自由なく生きていくでしょう。

地域社会を成り立たせるために、人間はその費用を負担してきましたが、これからもそうするでしょう。ただし、国家を太らせるための薄く広い税金ではなく、お金持ちが地域社会を成り立たせるための寄付として。

私たちのスコトーマ（盲点）が外れ、もの心がついて以来ずっと正しいと思わされてきた世界の現実が、そうではなかったと気づくとき、世界は中世の暗黒時代から、日本は平安時代の闇から脱するでしょう。

いままでとはまったく異なる世界が目の前に広がっていることに、私たちは驚き、目覚めるに違いありません。

おわりに

他人の価値観に従う人生では満足できない

神の存在や、他人が勧める価値に依存することは、心の安定をもたらしやすい行為です。

他人の言葉に従う行為は、その人々からすぐに支持されるでしょう。支持され、評価されれば、それをつづけていきたいと思うのが人間の常かもしれません。

対して、自分だけの価値を見つけることは簡単ではないし、見つけたところで他人が支持したり評価したりするとはかぎりません。むしろ、評価されないことのほうが多いでしょう。

とはいえ、**他人の価値に沿った生き方をして、人生の満足感が得られるものでしょ**

うか。

たとえば、組織の価値観に則って、会社が期待する以上の仕事をこなし、それが評価され、若くして重役になるとします。後輩社員からは、あの人のようになりたいと目標にされ、悪い気はしないに違いありません。

しかし、それが、心から満足する人生になりうるでしょうか。

誰も考えつかなかった仕事を成し遂げる。会社の将来像を変えてしまうような技術を開発する。その結果、現状では考えつかないような遠くの世界にいる数十年後の自分を想像してみてください。それは、数十年後の自分が、「ずいぶん遠くまで、本当によく歩いてこられたものだ。若いころは、こんな自分の姿なんか考えてもみなかったなあ」と感慨に浸るような自分の姿です。

あなたが他人が刷り込んだ価値を信じるサイドに立ちつづけるならば重役コースで終わりますが、他人の価値観を捨て、自分の価値観で生きることを選択すれば、考えてもみないほど成功し、満足する将来の自分を手に入れることができるはずです。

本書で、私が神の問題を論じたのも、読者のみなさんにそのことに気づいていただきたかったからです。

コンフォート・ゾーンの外側に立つ

心から満足する人生を送るためには、自分の人生のゴールを自分で決めることです。

しかも、そのゴールは、現状のコンフォート・ゾーンの内側ではなく、その外側につくります。

現状のコンフォート・ゾーンというのは、自分がいま置かれているコンフォート・ゾーンのことです。コンフォート・ゾーンとは、そのなかに収まっていれば居心地のいいゾーンです。

人間は、コンフォート・ゾーンにいれば精神的に安定し、失敗も起きません。安定して活動できるからこそ、人間は無意識のうちに常に現状のコンフォート・ゾーンにとどまろうとします。そこから外れることがなければ、仕事でも何でも、そこそこ満足のいく結果が生まれるでしょう。

ところが、現状のコンフォート・ゾーンにとどまっていると、人間に飛躍的な成長はもたらされません。

現状のコンフォート・ゾーンは、過去の情動記憶で成り立っている世界です。そこにとどまるかぎり、過去に縛られ、過去しか見えません。そういう状態で人生のゴールを設定しても、それは過去の自分に達成可能な範囲のゴールでしかありません。

人間の夢はビジョンの範囲内でしか達成することはできませんから、いくら現状のコンフォート・ゾーンの内側にゴールを設定しても、それはいまの自分を将来もつづけていくというだけの話で終わってしまいます。

このことは、**私たちのマインドが、子どものころから聞かされてきた他人の言葉によってつくられていること**からもわかります。

たとえば、自分が持っているセルフ・イメージは、最初からそういうイメージが自分固有のものとして湧《わ》き出たのではなく、「君はじっくり物事を考える人間だ」というような他人の言葉が出発点になっています。

私が教えているコーチング・プログラムのＴＰＩＥ（タイス・プリンシプル・イン・エクセレンス）に、**セルフ・トーク**という言葉があります。これは、ふだんなにげなく自分について感じたり、思ったり、あるいは言葉に出していうときの言葉を指していますが、セルフ・トークもほぼ１００％、過去に他人が自分について話した内容にもとづいてつくられています。自分が他人になり代わって、他人の言葉を自らに言い聞かせているというわけです。空恐ろしいことだと感じないでしょうか。

こうしてみると、**人間がいかに過去に他人から聞かされてきた言葉に左右される存在か**、よくわかると思います。

つまり、本書で指摘した神や資本主義、あるいは国家についての強烈な思い込みと同様に、あなたは他人の言葉によって、ありもしない価値があたかも存在しているかのように信じ込まされているということです。

その意味においても、人生のゴールを現状のコンフォート・ゾーンの外側に設定することは、たいへん重要なポイントになるわけです。

ＴＰＩＥでは、人生のゴールにいる自分をイメージし、その臨場感をあげてやることで、現状とは異なるところにまでコンフォート・ゾーンを広げていきます。こうすることで、過去に縛られて見えなかったものが見え、ゴールを達成するための行動を無意識のうちにとるようになり、どんなゴールも自然に達成することができるようになります。

このことは、私の専門である最新の認知科学によって証明されてもいますし、そのためのさまざまなツールも確立されています。

釈迦の唱えた「空」の概念があなたを救う

20世紀は、世界がひとつの価値観に向かって純粋化を進めた100年でした。

その過程では、世界大戦が2度も起こり、米ソの超大国による冷戦が繰り広げられ、1989年のベルリンの壁崩壊後はアメリカ一国主義がはびこった揚げ句に、今度はイデオロギーを超えて文明の対立へと向かいました。

唯一の価値という非常に窮屈な袋小路に世界の人々を追い立てようとしたわけです

から、対立や紛争が起こるのも当然のことです。しかも、その押しつけは世界中の人々が幸せになるためではなく、特定の国家の利益を実現する手段として行われ、いまなお行われつつあります。不幸なことですが、これからも悲惨な戦争や事件はつづいていくのかもしれません。

しかし、私たちはそろそろ気がつき始めています。

何かがおかしい、と。

人間の命や生きることの満足感を犠牲にしてまで、それを推し進めることにいったい何の意味があるのか、と。

そして、その唯一の価値は、誰がどのような力を加えて押しつけているのか、と。

どのような価値も、絶対のものはありません。アプリオリはないのです。

逆に言えば「**あらゆる価値を疑え**」**が正しい態度です。そして大切なのは、心の底から湧いてくる自分だけの価値を見いだすことでしょう。**

植えつけられた価値を価値だと思い込みつづけることは、過去に囚われることです。過去などどうでもいいのです。未来に自分はこうなりたい、世界をこうしたいとだけ考えることです。そして、そのゴールにどうすれば近づけるかに集中することです。そのとき、いまどういう状態かということは、いっさいどうでもいいのです。

人間個々が抱く価値は、どちらが偉いかという上下の位置づけも、1位、2位といった順位もありません。自分にとっては最高ですが、ほかの人には「そんなことを望んでいるの?」程度のものかもしれません。しかし、それこそが大切にすべきものです。

釈迦の教えから2500年たったこの21世紀に、私たちは神が正式に死んだという事実の前に立っています。釈迦が教えた「空」の概念を、いまこそ改めて認識しなおし、長いこと人間にまとわりついてきた迷信から解き放たれなければなりません。

時代の大きな変わり目は、いまです。

人間の数だけある価値を、お互い認め合い、尊重し、それぞれが人生のゴールを実現することができれば、目に映る世界は、どんなに豊かな風景に見えることでしょうか。

【著者プロフィール】

苫米地 英人（とまべち・ひでと）

1959年、東京生まれ。認知科学者（機能脳科学、計算言語学、認知心理学、分析哲学）。計算機科学者（計算機科学、離散数理、人工知能）。カーネギーメロン大学博士（Ph.D.）、同CyLab兼任フェロー、株式会社ドクター苫米地ワークス代表、コグニティブリサーチラボ株式会社CEO、角川春樹事務所顧問、中国南開大学客座教授、苫米地国際食糧支援機構代表理事、米国公益法人The Better World Foundation日本代表、米国教育機関TPIジャパン日本代表、天台宗ハワイ別院国際部長、公益社団法人自由報道協会 会長。

マサチューセッツ大学を経て上智大学外国語学部英語学科卒業後、三菱地所へ入社。2年間の勤務を経て、フルブライト留学生としてイエール大学大学院に留学、人工知能の父と呼ばれるロジャー・シャンクに学ぶ。同認知科学研究所、同人工知能研究所を経て、コンピュータ科学の分野で世界最高峰と呼ばれるカーネギーメロン大学大学院哲学科計算言語学研究科に転入。全米で4人目、日本人としては初の計算言語学の博士号を取得。帰国後、徳島大学助教授、ジャストシステム基礎研究所所長、同ピッツバーグ研究所取締役、ジャストシステム基礎研究所・ハーバード大学医学部マサチューセッツ総合病院NMRセンター合同プロジェクト日本側代表研究者として、日本初の脳機能研究プロジェクトを立ち上げる。通商産業省情報処理振興審議会専門委員なども歴任。

現在は自己啓発の世界的権威、故ルー・タイス氏の顧問メンバーとして、米国認知科学の研究成果を盛り込んだ能力開発プログラム「PX2」「TPIE」などを日本向けにアレンジ。日本における総責任者として普及に努めている。

著書に『明治維新という名の洗脳』（ビジネス社）、『人間は「心が折れる」からこそ価値がある』（PHP研究所）、『自分を大きく変える偉人たち、100の言葉』（TAC出版）など多数。TOKYO MXで放送中の「バラいろダンディ」（21時〜）で木曜レギュラーコメンテーターを務める。


人はなぜ、宗教にハマるのか？

2015年12月11日　　初版発行
2016年1月15日　　2刷発行

著　者　苫米地英人
発行者　太田　宏
発行所　フォレスト出版株式会社
〒162-0824 東京都新宿区揚場町2-18　白宝ビル5F
電話　03-5229-5750（営業）
　　　03-5229-5757（編集）
URL　http://www.forestpub.co.jp

印刷・製本　日経印刷株式会社

ISBN978-4-89451-688-5　Printed in Japan

『人はなぜ、宗教にハマるのか？』

読者の方に限り
特別プレゼント

【特別動画ファイル】

ここでしか手に入らない
貴重な動画です。

いまから2000年……
世界を支配する宗教とは？

キリスト生誕以来 2000 年間、世界は先進国であるキリスト教文化圏のソフトウェア、価値観に支配された世界を構築してきた。しかし、資本主義システムへの不信感とともに、その根底が揺らいでいる。

はたして今後「世界標準のソフトウェア」となる宗教とはいったい何なのか？

苫米地博士が「メディアが伝えない世界三大宗教の嘘と欺瞞」とともに語る！

※特別動画ファイルは Web 上で公開するものであり、CD・DVD などをお送りするものではありません。
※上記特別プレゼントのご提供は予告なく終了となる場合がございます。
あらかじめご了承ください。

特別プレゼントはこちらから無料ダウンロードできます

⬇半角入力

http://www.forestpub.co.jp/god

【無料動画の入手方法】 フォレスト出版 検索

☆ヤフー、グーグルなどの検索エンジンで「フォレスト出版」と検索
☆フォレスト出版のホームページを開き、URL の後ろに「god」と半角で入力